U0745146

课本里的作家

爱阅读
学生精读版
★★★★★

课本里的作家

吴然精选集：

五彩路

吴　然／著

小学语文同步阅读
三年级
彩插精读版

山东教育出版社
·济南·

图书在版编目（CIP）数据

吴然精选集．五彩路 / 吴然著．— 济南：山东教育出版社，2023.2（2023.3 重印）
（爱阅读·课本里的作家）
ISBN 978-7-5701-2467-1

Ⅰ．①吴…　Ⅱ．①吴…　Ⅲ．①阅读课—小学—教学参考资料　Ⅳ．①G624.233

中国版本图书馆 CIP 数据核字（2022）第 255214 号

WU RAN JINGXUAN JI: WUCAILU
吴然精选集：五彩路
吴　然　著

主管单位：山东出版传媒股份有限公司
出版发行：山东教育出版社
地址：济南市市中区二环南路 2066 号 4 区 1 号　邮编：250003
电话：（0531）82092600　网址：www.sjs.com.cn
印　　刷：天津泰宇印务有限公司
版　　次：2023 年 2 月第 1 版
印　　次：2023 年 3 月第 2 次印刷
开　　本：700 mm × 1000 mm　1/16
印　　张：12
字　　数：145 千
定　　价：35.80 元

（如印装质量有问题，请与印刷厂联系调换）
印厂电话：022-29649190

绿草地

有个小姑娘，她喜欢在草地上奔跑。跌倒了，可一点儿也不疼。她跑着，笑声开成遍地的花朵……

大象树

我们喜欢到大象树下来玩耍。我们在大象树下捉迷藏，爬在“大象”背上给它抓痒痒。

木雕象

我把水撩在木雕象身上，水珠从它身上滚下来。我给它擦了许多肥皂，一大堆肥皂泡把它埋了起来。我说：“这下舒服了吧，把你埋在‘雪堆’里！”

五彩路

校园里的五彩路，你用西洱河的彩色卵石铺成，你也用彩色的理想铺成，你使我们的校园更美丽！走在你五彩的路上，我在心里唱着一支歌。这支歌，唱给流着绿波翠浪的西洱河，唱给我们的学校，唱给老师，唱给同学。

老人呵呵笑着，用饭粒和爱抚招呼他的客人。一只大胆的黄色小鸟，衔着一颗草莓停落在老人的肩上。老人伸手接住了这珍贵的馈赠。接着又是一颗，又是一颗……

小鸟和守林老人

两只小熊

我说，“你站在努卡旁边，我们玩照相。”努尔就规规矩矩站着，一只手还搭在努卡肩上。“注意啦，好，笑一笑——”我用手比着，咔嚓咔嚓两下，大功告成。我和小哥儿俩就大翻跟斗，在院子里滚作一团。

总序

北京书香文雅图书文化有限公司的李继勇先生与我联系，说他们策划了一套《爱阅读·课本里的作家》丛书，读者对象主要是中小学生，可以作为学生的课外阅读用书，希望我写篇序。作为一名语文教育工作者，在中共中央办公厅、国务院办公厅印发《关于进一步减轻义务教育阶段学生作业负担和校外培训负担的意见》（以下简称“双减”）的大背景下，为学生推荐这套优秀课外读物责无旁贷，也更有意义。

一、“双减”以后怎么办?

“双减”政策对义务教育阶段学生的作业和校外培训作出严格规定。我认为这是一件好事。曾几何时，我们的中小学生作业负担重，不少学生不是在各种各样的培训班里，就是在去培训班的路上。学生“学”无宁日，备尝艰辛；家长们焦虑不安，苦不堪言。校外培训机构为了增强吸引力，到处挖掘优秀教师资源，有些老师受利益驱使，不能安心从教。他们的行为破坏了教育生态，违背了教育规律，严重影响了我国教育改革发展。教育是什么？教育是唤醒，是点燃，是激发。而校外培训的噱头仅仅是提高考试成绩，让学生在中高考中占得先机。他们的广告词是“提高一分，干掉千人”，大肆渲染“分数为王”，在这种压力之下，学生面对的是“分萧萧兮题海寒”，不得不深陷题海，机械刷题。假如只有一部分学生上培训班，提高的可能是分数。但是，如果大多数学生或者所有学生都去上培训班，那提高的就不是分数，而只是分数线。教育的根本任务是立德树人，是培根铸魂，是启智增慧，是让学生的德智体美劳全面发展，是培养社会主义建设者和接班人，是为中华民族伟大复兴提供人才，而不是培养只会考试的“机器”，更不能被资本所“绑架”。所以中央才“出重拳”“放实招”，目的就是要减轻学生过重的课业负担，减轻家长过重的经济和精神负担。

“双减”政策出台后，学生们一片欢呼，再也不用在各种培训班之间来回奔波了，但家长产生了新的焦虑：孩子学习成绩怎么办？而对学校老师来说，这是一个新挑战、新任务，当然也是新机遇。学生在校时间增加，要求老师提升教学水平，科学合理布置作业，同时开展课外延伸服务，事实上是老师陪伴学生的时间增加了。这部分在校时间怎么安排？如何让学生利用好课外时间？这一切考验着老师们的智慧。而开展各种课外活动正好可以解决这个难题。比如：热爱人文的，可以开展阅读写作、演讲辩论，学习传统文化和民风民俗等社团活动；喜爱数理的，可以组织科普科幻、实验研究、统计测量、天文观测等兴趣小组；也可以开展体育比赛、艺术体验（音乐、美术、书法、戏剧……）和劳动教育等实践活动。当然，所有的活动都应以培养学生的兴趣爱好为目的，以自愿参加为前提。学校开展课后服务，可以多方面拓展资源，比如博物馆、图书馆、科技馆、陈列馆、少年宫、青少年活动中心，甚至校外培训机构的优质服务资源，还可组织征文比赛、志愿服务、社会调查等，助力学生全面发展。

二、课外阅读新机遇

近年来，新课标、新教材、新高考成为语文教育改革的热词。我曾经看到一个视频，说语文在中高考中的地位提高了，难度也加大了。这种说法有一定道理，但并不准确。说它有一定道理，是因为语文能力主要指一个人的阅读和写作能力，而阅读和写作能力又是一个人综合素养的体现。语文能力强，有助于学习别的学科。比如数学、物理中的应用题，如果阅读能力上不去，读不懂题干，便不能准确把握解题要领，也就没法准确答题；英语中的英译汉、汉译英题更是考查学生的语言表达能力；历史题和政治题往往是给一段材料，让学生去分析、判断，得出结论，并表述自己的观点或看法。从这点来说，语文在中高考中的地位提高有一定道理。说它不准确，有两个方面的理由：一是语文学科本来就重要，不是现在才变得重要，之所以产生这种错觉，是因为在应试教育的背景下，语文的重要性被弱化了；二是语文考试的难度并没有增加，增加的只是阅读思维的宽度和广度，考查的是阅读理解、信息筛选、应用写作、语言表达、批判性思维、辩证思维等关键能力。可以说，真正的素质教育必须重视语文，因为语文是工具，是基础。不少家长和教师认为课外阅读浪费学习时间，这主要是教育观念问题。他们之所以有这种想法，无非是认为考试才是最终目的，希望孩子可以把更多时间用在刷题上。他们只看到课标和教材的变化，以为考试还是过去那一套，其实，考试评价已发生深刻变革。目前，考试评价改革与新课标、新教材改革是同向同行的，都是围绕立德树人做文章。中共中央、国务院印发的《深化新时代教育评价改革总体方案》明确指出："稳步推进中高考改革，构建引导学生德智体美劳全面发展的考试内容体系，改变相对固化的试题形式，增强试题开放性，减少死记硬背和'机械刷题'现象。"显然就是要用中高考"指挥棒"引领素质教育。新高考招生录取强调"两依据，一参考"，即以高考成绩和高中学业水平考试成绩为依据，以综合素质评价为参考。这也就是说，高考成绩不再是高校选拔新生的唯一标准，不只看谁考的分数高，而是看谁更有发展潜力、更有创造性，综合素质更高，从而实现由"招分"向"招人"的转变。而这绝不是仅凭一张高考试卷能够区分出来的，"机械刷题"无助于全面发展，必须在课内学习的基础上，辅之以内容广泛的课外阅读，才能全面提高综合素养。

三、"爱阅读"助力成长

这套《爱阅读·课本里的作家》丛书是为中小学生读者量身打造的，符合《义务教育语文课程标准》倡导的"好读书、读好书、读整本的书"的课改理念，可以作为学生课内学习的有益补充。我一向认为，要学好语文，一要读好三本书，二要写好两篇文，三要养成四个好习惯。三本书指"有字之书""无字之书""心灵之书"，两篇文指"规矩文"和"放胆文"，四个好习惯指享受阅读的习惯、善于思考的习惯、乐于表达的习惯和自主学习的习惯。古人说"读万卷书，行万里路"，实际上就是要处理好读书与实践的关系。对于中小学生来说，读书首先是读好"有字之书"。"有字之书"，有课本，有课外自读课本，还有"爱阅读"这样的课外读物。读书时我们不能眉毛胡子一把抓，要区分不同的书，采取不同的读法。一般说来，读法有精读，有略读。精读需要字斟句酌，需要咬文嚼字，但费时费力。当然也不是所有的书都需要精读，可以根据自己的需要决定精读还是略读。新课标提倡中小学生进行整本书阅读，但是学生往往不能耐着性子读完一整本书。新课标提倡的整本书阅读，主要是针对过去的单篇教学来说的，并不是说每本书都要从头读到尾。教材设计的练习项目也是有弹性的、可选择的，不可能有统一的"阅读计划"。我的建议是，整本书阅读应把精读、略读与浏览结合起来，精读重在示范，略读重在博览，浏览略观大意即可，三者相辅相成，不宜偏于一隅。不仅如此，学生还可以把阅读与写作、读书与实践、课内与课外结合起来。整本书阅读重在掌握阅读方法，拓展阅读视野，培养读书兴趣，养成阅读习惯。

再说写好两篇文。学生读得多了，素养提高了，自然有话想说，有自己的观点和看法要发表。发表的形式可以是口头的，也可以是书面的，书面表达就是写作。写好两篇文，一篇规矩文，一篇放胆文。规矩文重打基础，放胆文更见才气。规矩文要求练好写作基本功，包括审题、立意、选材、构思等，同时还要掌握记叙文、议论文、说明文、应用文的基本要领和写作规范。规矩文的写作要在教师的指导下进行。放胆文则鼓励学生放飞自我、大胆想象，各呈创意、各展所长，尤其是展现自己的写作能力、语言表达能力、批判性思维能力和辩证思维能力。放胆文的写作可以多种多样，除了大作文，也可以写小作文。有兴趣的学生还可以进行文学创作，写诗歌、小说、散文、剧本等。

学习语文还要养成四个好习惯。第一，享受阅读的习惯。爱阅读非常重要，每个同学都应该有自己的个性化书单。有的同学喜欢网络小说也没有关系，但需要防止沉迷其中，钻进“死胡同”。这套《爱阅读·课本里的作家》丛书，给中小学生课外阅读提供了大量古今中外的名家名作。第二，善于思考的习惯。在这个大众创业、万众创新的时代，创新人才的标准，已不再是把已有的知识烂熟于心，而是能够独立思考，敢于质疑，能够自己去发现问题、提出问题和解决问题，需要具有探究质疑能力、独立思考能力、批判性思维和辩证思维能力。第三，乐于表达的习惯。表达的乐趣在于说或写的过程，这个过程比说得好、写得完美更重要。写作形式可以不拘一格，比如作文、日记、笔记、随笔、漫画等。第四，自主学习的习惯。我的地盘我做主，我的语文我做主。不是为老师学，也不是为父母长辈学，而是为自己的精神成长学，为自己的未来学。

愿广大中小学生能借助这套《爱阅读·课本里的作家》丛书，真正爱上阅读，插上想象的翅膀，飞向未来的广阔天地！

顾之川

我爱读课文

作家经典作品

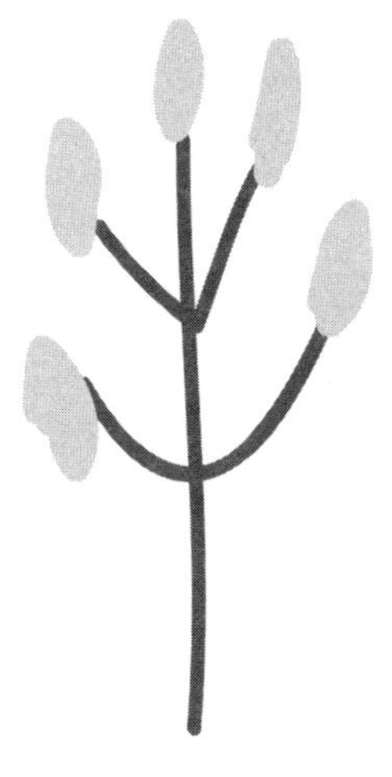

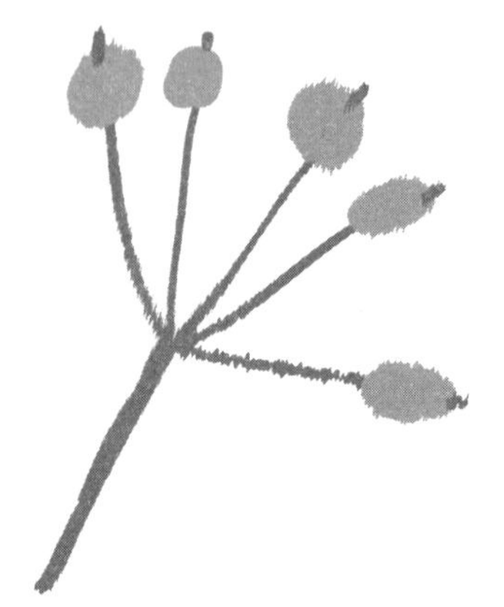

我爱读课文

原文赏读

大青树下的小学

体　　裁：散文
作　　者：吴然
创作时间：当代
作品出处：部编版语文三年级（上册）
内容简介：课文先写在上学的路上和来到学校看到的景象；再写上课、下课的情景；最后总结：这就是我们可爱的小学。

读前导航

阅读准备

吴然的儿童散文创作将自然、人和爱三者完美结合，从儿童的日常生活中选取事物来入手，创造出一个有爱的儿童世界。

儿童对自然有一种异乎寻常的亲切感和好奇感，因此吴然把童话思维融入到描述日常生活、描写自然中，以童心关照自然，以丰富的想象点缀自然，使自然之物富有生命和人格精神。他把自然比拟为一个个儿童形象，在孩子的感受中呈现理想化了的自然。

目标我知道

学习目标	会写“球、汉、艳、扮、粗”等生字 会认“坝、扬、洁”等生字 读准多音字“好、晃”
学习重点	正确、流利、有感情地朗读课文，能够想象出课文描写的画面 找出课文中有新鲜感的词句，与同学交流自己的理解，并积累运用
学习难点	能用自己的话说出“大青树下的小学”特别的地方。能借助提示，说说自己学校生活的某个场景

精彩赏读

课本原文

大青树下的小学

①早晨，从山坡上，从坪坝里，从一条条开着绒球花和太阳花的小路上，走来了许多小学生，有汉族的，有傣族的，有景颇族的，还有阿昌族和德昂族的。大家穿戴不同，来到

[1] 从这两句话中可以看出，大青树下的小学是一所美丽、团结的乡村小学，是一所多民族小学生汇集在一起的学校。

[2] 上课铃声，说明作者将要写上课的情景。

【好奇】对自己所不了解的事物觉得新奇而感兴趣。

学校，都成了好朋友[1]。那鲜艳的服装，把学校打扮得绚丽多彩。同学们向在校园里欢唱的小鸟打招呼，向敬爱的老师问好，向高高飘扬的国旗敬礼。

【第一部分（第①段）：写了学生上学的路上和来到学校时的情景。】

②“当，当当！当，当当！”大青树上的铜钟敲响了[2]。

（过渡段，起承上启下的作用。）

③上课了，不同民族的小学生，在同一间教室里学习。大家一起朗读课文，那声音真好听！这时候，窗外十分安静，树枝不摇了，鸟儿不叫了，蝴蝶停在花朵上，好像都在听同学们读课文。最有趣的是，跑来了两只猴子。这些山林里的朋友，是那样好奇地听着。下课了，大家在大青树下跳孔雀舞、摔跤、做游戏，招引来许多小鸟，连松鼠、山狸也赶来看热闹。

【第二部分（②—③段）：写了同学们课上认真读书和课下尽情玩耍的情景。】

④这就是我们可爱的小学，一所边疆的

小学。古老的铜钟，挂在大青树粗壮的枝干上。凤尾竹的影子，在洁白的粉墙上摇晃……[1]

【第三部分（第④段）：进一步赞美大青树下的小学，抒发了作者的自豪之情。】

[1] 结尾描写了铜钟和凤尾竹，突出了大青树下的小学的特点，也表达了作者对大青树下的小学的难忘和怀念之情。

作品赏析

这篇文章按照时间顺序，描述了边疆小学生们在上学路上、来到学校、上课和下课时的情景，展现了小学生们美好、幸福的学校生活，体现了不同民族之间的团结友爱，表达了作者的自豪、赞美之情。

积累与表达

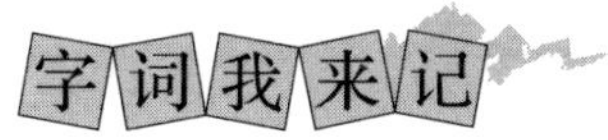

字词我来记

会写的字

chén	部首	笔画	结构	造字	组词
晨	日	11	上下	形声	早晨　晨练
	辨字	震（地震　震惊）　辰（生辰　星辰）			
字义	早上太阳刚出来的时候。				
造句	秋天的早晨，天气凉爽。				

róng	部首	笔画	结构	造字	组词
绒	纟	9	左右	形声	羽绒服　绒布
	辨字	贼（盗贼　国贼）　戎（从戎）			
字义	1. 柔软细小的毛。2. 棉、丝或毛制成的上面有一层细毛的纺织品。				
造句	我的玩具小熊，是一个毛绒玩具。				

qiú	部首	笔画	结构	造字	组词
球	王	11	左右	形声	篮球　月球
	辨字	求（追求　要求）　救（救火　救命）			
字义	1. 圆形的立体物。 2. 指某些球形的体育用品或球类运动。				
造句	同学们聚集在操场上观看篮球比赛。				

hàn	部首	笔画	结构	造字	组词
汉	氵	5	左右	形声	汉字　好汉
	辨字	叹（叹气　感叹）　仅（仅仅　仅有）			
字义	1.汉族，我国人数最多的民族。 2.男人，男子。				
造句	汉字是目前世界上使用人口最多的文字。				

yàn	部首	笔画	结构	造字	组词
艳	丰	10	左右	会意	艳丽　鲜艳
	辨字	绝（绝技　断绝）　颜（颜色　五颜六色）			
字义	鲜艳，色彩鲜明。				
造句	她的脖子上系着一条鲜艳的红领巾。				

fú	部首	笔画	结构	造字	组词
服	月	8	左右	会意	服装　服务
	辨字	报（报答　报告）			
字义	1. 衣服，衣裳。2. 习惯，适应。3. 信服，服从。				
造句	妈妈给我买了一件衣服。				

zhuāng	部首	笔画	结构	造字	组词
装	衣	12	上下	形声	军装　装扮　装模作样
	辨字	袋（口袋　脑袋）　裂（破裂　裂纹）			
字义	1. 穿着的衣服。2. 打扮。3. 故意做作。				
造句	小敏的叔叔穿着一身整洁的军装。				

bàn	部首	笔画	结构	造字	组词
扮	扌	7	左右	形声	打扮　扮演
	辨字	粉（面粉　粉末）			
字义	1. 化装，装饰。2. 衣着穿戴。				
造句	这个人打扮得有点儿奇怪。				

jìng	部首	笔画	结构	造字	组词
静	青	14	左右	形声	安静　平静　风平浪静
	辨字	净（干净　净化　窗明几净）　挣（挣扎）			
字义	1. 没有声音。2. 停止的，与“动”相对。				
造句	傍晚，公园里很安静。				

tíng	部首	笔画	结构	造字	组词
停	亻	11	左右	形声	停车　停止　停留
	辨字	亭（报亭　亭子　亭亭玉立）			
字义	1. 止住，终止不动。2. 停留。3. 妥当。				
造句	暴风雨停止了，大家忙着赶路。				

kǒng	部首	笔画	结构	造字	组词
孔	子	4	左右	象形	孔子　小孔
	辨字	孙（孙子　孙儿）　扎（扎花）			
字义	1. 洞；窟窿；眼儿。2. 姓。				
造句	叶子上有虫子吃的孔眼。				

què	部首	笔画	结构	造字	组词
雀	小	11	上下	会意	麻雀　孔雀
	辨字	省（省城　节省）　劣（劣势　恶劣）			
字义	鸟名，身体小，翅膀长，雌雄羽毛颜色多不相同，吃粮食粒和昆虫。种类很多，特指麻雀，泛指小鸟。				
造句	今天我学了一个成语——鸦雀无声。				

cū	部首	笔画	结构	造字	组词
粗	米	11	左右	形声	粗壮　粗细
	辨字	组（组织　组合）			
字义	1. 长条形东西直径大的。2. 粗俗；鲁莽。				
造句	这条直线画得太粗了。				

会认的字

bà	组词
坝	大坝 堤坝

yáng	组词
扬	飞扬 飘扬

jié	组词
洁	洁白 清洁

多音字

好
- hǎo（好像）（美好）
- hào（好奇）（好学）

辨析：表示“爱，喜爱；常容易发生的事”时，读hào。

晃
- huǎng（晃眼）（一晃而过）
- huàng（晃动）（摇晃）

辨析：表示“明亮”“闪耀”“很快闪过”时，读huǎng；表示“摇摆，摇动”时，读huàng。

近义词

穿戴—穿着　　鲜艳—艳丽　　打扮—装扮

飘扬—飞扬　　敬爱—尊敬　　安静—寂静

招引—吸引　　粗壮—壮实　　绚丽多彩—五彩缤纷

反义词

鲜艳—暗淡　　安静—热闹　　古老—现代

洁白—乌黑　　粗壮—纤细

日积月累

1.早晨，从山坡上，从坪坝里，从一条条开着绒球花和太阳花的小路上，走来了许多小学生，有汉族的，有傣族的，有景颇族的，还有阿昌族和德昂族的。

2. 那鲜艳的服装，把学校打扮得绚丽多彩。

3. 同学们向在校园里欢唱的小鸟打招呼，向敬爱的老师问好，向高高飘扬的国旗敬礼。

4. 古老的铜钟，挂在大青树粗壮的枝干上。凤尾竹的影子，在洁白的墙上摇晃……

读后感想

读《大青树下的小学》这篇课文有感

学习了《大青树下的小学》这篇课文后，我知道，除了汉族外，我国还有55个少数民族，就像课文中的傣族、景颇族、阿昌族和德昂族。这些不同民族的小学生在同一个学校里上学，虽然他们的语言不同，穿戴不同，但是来到同一所学校都成了好朋友，他们一起学习，一起唱歌、跳舞，一起做游戏，真开心呀！就像我们班的同学们一样，大家上课一起学习，下课一起玩，也很开心。

大青树下的小学很美，那里有花，有草，有山林。校园里有小鸟欢唱，有蝴蝶，还有猴子、山狸、松鼠跟小朋友们一起玩呢，真好！我们的学校没有山，学校里的树都是人工栽种的，没有动物跟我们玩。民族小学在乡村，十分安静。我们的学校在城市，外面马路上有许多车，经常有车按喇叭，很吵闹。

真羡慕那所大青树下的小学！不过，我们学校也很漂

亮，有很大的图书室，有干净的操场，我很喜欢在操场上玩。我要在学校里好好学习，多学知识！

精彩语句

1. 就像我们班的同学们一样，大家上课一起学习，下课一起玩，也很开心。

从课文中的多民族学生一起上学，自然过渡到自己友爱的班级，过渡自然。

2. 我们的学校在城市，外面马路上有许多车，经常有车按喇叭，很吵闹。

用“我”的学校和大青树下的小学进行对比，突出大青树下小学的自然美、环境美，表达了“我”的羡慕之情。

妙笔生花

读过《大青树下的小学》，你觉得这所小学美不美呢？你的学校是什么样子的呢？动动手中的笔，写一写学校生活中的一个场面吧，如上课、下课、做操等。

知识乐园

一、给加点的字选择正确的读音。

坪坝（bà　bèi）　　鲜艳（yān　yàn）

摔跤（suāi　shuāi）　　扬起（yáng　yán）

二、在下面的括号里填上合适的词语。

（　　）的服装　（　　）的老师　（　　）的国旗

（　　）的铜钟　（　　）的枝干　（　　）的墙壁

三、根据课文内容，选择合适的词语完成句子。

民族　松鼠　穿戴　国旗　山狸

1. 大家（　　）不同，来到学校，都成了好朋友。

2. 同学们向在校园里欢唱的小鸟打招呼，向敬爱的老师问好，向高高飘扬的（　　）敬礼。

3. 上课了，不同（　　）的小学生，在同一间教室里学习。

四、按要求完成句子练习。

1. 古老的铜钟，挂在大青树粗壮的枝干上。（缩句）

____

2. 写排比句首先要了解句子特点，知道要仿写的句子的结构，然后运用所学来写句子。

例：小路上走来了许多小学生，有汉族的，有傣族的，有景颇族的，还有阿昌族和德昂族的。（用加点词写句子）

____

作家经典作品

自主阅读

春天

山茶花在下雪天就开了。雪一化呢，杜鹃花已经在春水里摇着花影。这时候，洱海边的柳树，枝条变长了，变软了；枝条上的嫩芽，开始还是米粒般的，葵花子般的，没两天，就像小鸟张开了嘴喙。薄薄的阳光里，有亮亮的翅膀飞过，那是燕子，还是柳莺？最性急、最没耐心的是那些小草，它们在大地妈妈怀里睡足了觉，一醒来就掀被踢腿往外冒！

啊，春天是山茶花迎来的，是杜鹃花迎来的，是柳条和小草迎来的；还有燕子和柳莺，蜜蜂和蝴蝶，它们的飞翔和鸣唱，把春天打扮得更热闹了。

村里的塔

你知道我们村里有一座塔吗？

它是那样的高大，那样的古老。

灰白色的塔身，有许多脱落的斑痕，还有青苔的图案。乌亮的宝顶，在太阳下闪射紫色的光芒。我们喜欢在塔下玩耍。

这时候，塔上的风铃在响，叮当，叮当。

这时候，光滑的砖缝里，飞出小鸟美丽的翅膀。

鸟 树

我们村前有棵大榕树。

圆弧形的树冠，绿光闪闪，投下很大一片树荫。

我们喜欢到树荫下来玩耍。

这时候，我们听到许多鸟儿在树上鸣唱，看到许多鸟儿在枝叶间跳跃。有羽毛鲜艳、体形很小的太阳鸟；有戴着花冠、穿着花裙子的布谷鸟；还有周身黑得发亮、嘴角淡黄的八哥……它们嘈杂一片地唱着，吵闹着。

最有趣的是傍晚。没有风。晚霞染红了天边。一群一群的鹭鸶从霞光里飞来了。它们在水田里捉了一天鱼，现在飞回来了。它们的窠搭在榕树顶上。它们盘旋着，声音尖细地叫噪着，落在树梢上。整个树冠一片雪白，颤颤悠悠地摇晃起来。

我们村前的大榕树，变成了一棵多么美丽的“鸟树”哇！

绿草地

妈妈说，从前这里是一片绿草地。三叶草、酸角草和铁线草铺成的草地，绒绒的一大片……

呵，妈妈，还有小花朵，还有蒲公英、绒球花、雏菊和丁香，是吗？有一回你告诉我，月光花像一盏小灯，亮亮的，它照着花朵们做游戏。真的吗？妈妈，真的有一朵蒲公英飞到丁香花旁边，说了一阵悄悄话，丁香花的脸就红了吗？

孩子，是真的，从前，这里有一片绿草地。要是夏天的傍晚，那才好玩呢！许多爷爷和奶奶，许多年轻的爸爸和妈妈，他们带孩子来草地上玩耍。有个小姑娘，她喜欢在草地上奔跑。跌倒了，可一点儿也不疼。她跑着，笑声开成遍地的花朵……

呵，妈妈，那个小姑娘是你吗？她长大了就成了我的妈妈，是吗？妈妈，你说呀，别把我搂得那么紧。

妈妈把我搂得好紧，我听到了妈妈的心跳。妈妈你说从前这里是一片绿草地……妈妈，夜里我会梦到三叶草和蒲公英吗？我会梦到我在草地上奔跑吗？

珊瑚云

秋天的傍晚，凉爽的风，吹来果园的香味，吹来稻田和池塘的香味。

狗在跑着，猫在屋脊上走动。归巢的鸟，从霞光里飞来。

这时候，晚霞美丽极了！玫瑰红的、橘红的、紫蓝的，还有金光耀眼的云朵，浮在远远的天边，好像是大海里的珊瑚。

啊，秋天的傍晚，天上的海里，有许多发亮的珊瑚。

发亮的珊瑚，云一样变幻着。是鱼儿在游吧，搅得珊瑚云摇动起来……

阳光，你好

你的翅膀，在花瓣上抖动，扇来花朵的芳香。

乌云遮住了你，你化为雨丝，飘落大地。

你在雨后，凝集成饱满的水珠，从绿叶上滴落下来。

夜晚，满天星斗，那是你请星星们，传达你对大地的问候。

梦里，你只看了我一眼，这就够了，你给我明亮的温暖。

秋姑娘的请柬

秋姑娘发来了请柬——

一片金黄的银杏叶；

一枚经霜的红枫；

一枝在山崖上和蝴蝶说悄悄话的紫菊；

一朵因为擦拭了蓝天而微笑的白云；

天边的云霞，溪流里的花石子；

果园的甜蜜，谷粒的饱满，空气的清芬……

呵，妈妈，我们一起到秋姑娘家去做客吧！

我们去登山，去和蓝天对话。

我们去写生，去采集色彩，采集成熟的喜悦。

或者我们去摘一束野花的艳丽，捧一捧阳光的芳香。

我们去吧，妈妈。你看，脸蛋红扑扑的秋姑娘，已经准备好一年一次的筵席。可别辜负了她的美意呀，妈妈。

大象树

你知道西双版纳有棵大象树吗？

这是一棵大青树。粗壮的树干，弯弯的，长成“大象”的身子；三根落地的气根，和树干一起，成了“大象”的四条腿。一条细细的“尾巴”光光滑滑，“象鼻子”好粗好长哟！还有那双“眼睛”，原来是两颗小小的树瘤！

都说这是大象妈妈在等贪玩的小象。

有时，你好像会听到大象妈妈在喊：“小象啊，宝贝！你到哪儿去了？天黑了，连太阳都回家了，你怎么还不回家呢？”

大象妈妈好着急哟，她喊小象，等小象，站成了一棵树！

我们喜欢到大象树下来玩耍。我们在大象树下捉迷藏，爬在“大象”背上给它抓痒痒。

不过，我们不会玩得太晚。只要妈妈一喊，我们就赶快回家。

夏天的故事

夏天，我家院子里的老银杏树，变得年轻了。它给飞落枝头的鸟儿，给花蝴蝶，还给在树荫下睡觉的老猫，给做作业的姐姐，讲一个又一个夏天的故事。

这时候，我看见满树绿色的叶片，像许许多多打开的折扇。它们为讲故事的银杏树，也为听故事的小朋友们，扇着凉爽的风。这些可爱的小折扇啊！

酸木瓜

外婆托人带来几个酸木瓜，我一看就乐了。

酸木瓜胖嘟嘟的，像个大鸭蛋，绿油油的嫩皮上，有细碎的小白点。爸爸说，酸木瓜泡酒，能治风湿病。切成薄片片呢，蘸了白糖在罐头瓶里浸几天，酸甜酸甜的，太好吃了。要是整个儿放在书桌上，慢慢地它就变黄了，油亮亮的，散发着桂花一样的甜香。

爸爸挑了一个最好的酸木瓜，送给隔壁的张爷爷泡药酒；妈妈还用酸木瓜做了一罐蜜饯；还有两个，给爸爸放在书桌上，嗅它带甜味儿的香气。

云娃娃

快看，快看，深蓝的天空，飘浮着一朵云：不是一般的云，它像是一个又白又胖的娃娃，一个可爱的云娃娃！

它是那样的白，白得像雪团一样。它比雪团蓬松，比雪团轻柔。

它是那样的胖，短粗的手臂，短粗的腿，都胖得圆圆的，起皱皱了。好一个水亮亮的、瓷器一般的胖弟弟呀！

在深蓝的天空，美丽的云娃娃，可爱的胖弟弟，你在干啥呀？

在洗澡呢！你看他坐在一个橡皮船似的澡盆里，在身上抹了多少肥皂泡哇！他舞着小手，踢着胖腿，好玩极了。

我好像听到了云娃娃的笑声，我好像听到了云娃娃哗啦哗啦的玩水声。云娃娃，快别调皮了，小心把澡盆弄翻了。

我一直看着云娃娃，看着他玩得多么自在。几分钟以后，我看见云娃娃升起小白帆，向深蓝的大海飘去了，飘去了。

白帆兜满了风，橡皮船似的澡盆，驰进大海，消失在大海里了！

美丽的云娃娃，可爱的胖弟弟，哟，你什么时候再来呢？

瓦雀

我们巷口的老房子要拆了，许多人忙着搬家，乱哄哄的。

我看见好多瓦雀（麻雀），还和平时一样，从瓦檐下飞出飞进。

一只瓦雀衔着稻草，停在瓦沟边，歪着头看了一会儿热闹，身子一缩就进窝去了。我急得要命，拼命跺脚挥手，大声叫喊："快飞走吧！房子要拆了，你们的窝要毁了！"这些瓦雀，一点儿也不听话，还是叽叽喳喳叫着，飞着，我都要急哭了。

木雕象

天气太热了，热得直想泡在水里。

我对爸爸桌子上的木雕象说："你热不热？要不要我给你洗个澡？"

木雕象不扇耳朵，也不甩鼻子，那样子好像说："我热极了，你快给我洗澡吧！"

我打了一大盆水，把木雕象抱进盆里。木雕象好重哟，棕黑色的身子，油亮亮的。它是爸爸从西双版纳买回来的。爸爸说，西双版纳的大森林里，有真正的大象！

我把水撩在木雕象身上，水珠从它身上滚下来。我给它擦了许多肥皂，一大堆肥皂泡把它埋了起来。我说："这下舒服了吧，把你埋在'雪堆'里！"

木雕象吹了个大泡泡，说："舒服极了，舒服极了！"

彩霞溪

我们村旁有条小河，叫彩霞溪。清亮明净的溪水，映着蓝莹莹的天、白嫩嫩的云。

溪滩绿茸茸的，连着淡紫的远山。红的花，黄的花，白的花，东一片，西一片，摇摇闪闪。蝴蝶飞着，蜜蜂飞着，云雀从天空洒下脆亮的歌声。

我们喜欢到彩霞溪来。阳光照耀着溪滩。放羊人吹着牧笛。我们看见：雪白的羊群涌动着，到溪流里来喝水。我们看见：红马驹奔跑着，母牛安详地舔着小牛犊……

我们采了许多野花。

菊 花

一阵秋风吹来，树叶打了个寒战说：“冷啊！”小草颤抖着说：“冷啊！”

树叶黄了，飘落了；小草黄了，枯萎了。还有好多花，都谢了，娇嫩的花瓣，经不住冷风和霜冻。

这时候，菊花开了：黄菊、白菊、紫菊、红菊、墨菊……所有的菊花都开了！

秋天变得热闹起来。

秋天不是只有风，只有飘落的树叶和枯黄的小草。

秋天有菊花。

爷爷说，菊花开了，秋天才像秋天了。菊花把长过庄稼和结过果子的大地，打扮得格外美丽。

一阵秋风吹来，是菊花的清香，是菊花用自己的色彩和芬芳，在赞美劳动，赞美丰收的大地。

太阳花

你见过太阳花吗？这是一种很美丽的小花，细细的花瓣，粉红粉红的，鲜艳极了。叶子呢，也是细细的，像含着一包绿汁，很嫩。

早晨，太阳一露出笑脸，太阳花就兴冲冲地开放了。太阳越晒花越红。它仰着脸蛋，好像在跟太阳说话：“太阳，谢谢您把我照得这样漂亮。”

傍晚，太阳下山了，太阳花就慢慢合拢花瓣，安安静静地睡觉了。

太阳花还有黄的、蓝的、紫的……哟，五颜六色的太阳花开起来，那才好看呢！

爷爷的小木屋

小木屋、火塘、烤茶罐和铜炮枪，还有一条漂亮的黑狗——这就是爷爷的家。

爷爷是守林人，他住在村后的树林里。

雪花染白了爷爷的胡子，山风吹皱了爷爷的脸庞。树林里的大树知道，爷爷已经很老了。

可是爷爷还是那么硬朗！他挎着铜炮枪，吆喝着黑狗，巡山，护林。每一棵树都认识爷爷。那些羽毛鲜艳的鸟儿：大山雀、杜鹃、八哥、金翅鸟……总喜欢给爷爷唱歌。

有一天，爷爷巡山回来，发现小木屋里插满了野花。原来，是采蘑菇的娃娃们，用清香的、美丽的野花，打扮了爷爷的小木屋。

迎春花

迎春姑娘充满了信心。

她伸出柔情的绿色的小手，轻轻扒开腐叶，对刚冒出一星点芽儿的小草说："别怕！"

她安慰在寒风中瑟瑟颤抖的小树："勇敢点儿，相信你能挺住！"

"风里有花香呢！"她叫着，发现了伸出墙头的一枝蜡梅。"啊，蜡梅姐姐！"她兴奋地、有礼貌地说，"我要向你学习！"

她抚摸着玉兰妹妹的花蕾说："要我帮你暖和暖和吗？"

柳枝开始吐芽了，低垂了。她向枝条上的米粒般的芽芽问好，夸赞柳条优美的柔软体操。

小河解冻了，她向鸭大哥打听："水暖和吗？鱼儿快乐吗？"

哟，她邀请天上的小星星来玩耍！瞧，这群调皮的小星星，玩得多么高兴！

啊！在春天的早晨，我们看见的那些亮晶晶的金黄色的花朵，不就是忘了回天上去的小星星吗？它们缀满了迎春姑娘柔软的绿色的手臂，它们哧哧地笑着，愉快地眨着眼睛……

草地上的联欢会

下过雨了，树林里的草地上，多了一些小花朵，还多了一些蘑菇娃娃的小花伞。

小花朵是湿淋淋的，新鲜的。胖胖的蘑菇娃娃，打着小花伞，多么娇嫩，多么好看。

是小花朵邀请蘑菇娃娃来草地上联欢的吧？有点儿害羞的蘑菇娃娃，被小花朵的热情感动了，很快她们就互相亲热起来，一点儿也不拘束了。

她们开始唱歌。小花朵仰着脸蛋蛋，拍着绿叶的小手。蘑菇娃娃文静些，不过也唱得挺起劲。

一只蝴蝶飞过来，悄悄告诉我——

小花朵在赞美阳光和雨水，给了她们芬芳。

而蘑菇娃娃呢，一直在感谢太阳和雨水，使她们撑开的小花伞，受到了山村孩子的喜爱。

魔　毯

圆通山的绿草地，你是一块魔毯！

你用嫩草的鲜绿招引我们，用嫩草的清香、用泥土湿潮的气息招引我们。

在你绿色的柔软的草地上，我们光着脚丫奔跑，试飞我们的纸飞机。

蜻蜓在我们前头飞，扇着两扇灿亮的阳光。

蝴蝶在我们前头飞，扇着两扇花朵的芬芳。

哦，一阵春风，送来多少海棠的花瓣，送来多少樱花的花瓣。

纸飞机托着花瓣飞。

蜻蜓和蝴蝶追着花瓣飞。

在草地上打一个滚，我们的头上、身上，沾满花瓣，沾满草叶，沾满清香。

哦，就在草地上睡一会儿吧！任阳光暖暖地照着，任花瓣轻轻地落着，任纸飞机和那一朵黄亮的小花悄悄地谈着……

圆通山的绿草地哟，你是一块魔毯，无比的欢乐，就藏在那嫩草之间。

开花的季节

四月，是开花的季节。

在开花的季节，我们过清明节。

采来红色的杜鹃花，黄色的迎春花；

采来蓝色的蝴蝶花，紫色的猫脸花；

还采来洁白的马蹄莲和芬芳的金银花。

我们用柳条编织的花环，插满我们采来的鲜花。

花环献在烈士墓前，献在烈士纪念碑前。

我们在太阳下唱歌。

我们歌唱春天，歌唱开花的季节……

拾花瓣的小姑娘

三月，在圆通山。樱花树下，有个拾花瓣的小姑娘。

她的小脸，像朝霞一样新鲜。

她橘黄色的腈纶衣服上，绒绣的小鹿扬头张望。

她是一朵迎春花，散发着阳光的芳香。

她拾着轻轻飘落的花瓣。无数的花瓣，在她周围铺成了绒毯。

她已经把湿润的花瓣，用草茎穿了长长的一串。

她还在拾着，拾着。粉红的，透明的，花瓣片片，落在她的头上、身上。

啊，花朵般的小姑娘，你是要做一顶芳香的花冠，还是要编一串花的项链？你是要送给妈妈，送给幼儿园的阿姨，还是要送给同院子的小伙伴？

…………

三月，在圆通山。樱花树下，有个拾花瓣的小姑娘。

她拾着花瓣，拾着一路明媚的春光，也将为明天，拾着一串串美好的记忆；

而我，将永远记得！她的小脸，鲜艳得似朝霞一般……

万花溪

我们村旁有条小溪流，叫万花溪。她从高高的点苍山流下来，从埋藏着大理石的点苍山流下来。

她的溪水，像大理石一样明净，像大理石一样清亮。她嘻嘻哈哈笑着，拍着小手跳跃着，在光洁的溪石上，溅起银亮的水花。

“你好！”她溅起银亮的水花，向溪滩上的花娃娃们问好。

哟，碧绿的溪滩，花娃娃们的溪滩！地丁花、太阳花、蝴蝶花、猫脸花、金盏花、丁香花和蒲公英，花娃娃们用自己的芬芳和蜜汁，招待了蜜蜂，招待了蝴蝶，招待了蜻蜓。他们正在和蝴蝶做游戏，和蜻蜓做游戏，和蜜蜂做游戏。太阳明亮地照耀着，他们玩得真快活。听到溪流的问好，他们都笑了起来。

“你好！你好！”他们热烈地叫嚷着，笑弯了身子。蝴蝶、蜻蜓和蜜蜂，也向溪流问好，表演了新编的舞蹈。

我们喜欢到万花溪来。我们在溪滩牧放羊群，我们让牛和马吃多汁的嫩草。我们坐在花地上，讲一个古老的故事，或者看一本有趣的书。这时候，从溪边传来了姑娘们的笑声，她们在清清的溪水里，看到了自己戴着花冠的影子……

弯弯的彩虹

春天来了。下了一场雨，又下了一场雨。

山坡绿了，河滩绿了，村道两旁的柳树也绿了。杜鹃花开了，油菜花开了，蒲公英开了，还有雪白的梨花和粉红的桃花也开了！哟，春雨洒过，大地变得多么新鲜、多么美丽！

这时，天空出现一道彩虹，一道弯弯的彩虹！

蜜蜂飞着，蝴蝶飞着，鸟儿鸣叫着，小牛犊、小马驹、小山羊欢蹦着，一台红色的拖拉机，突突突吐着烟朵，开到彩虹里去了……

啊，弯弯的彩虹，是太阳献给大地的花环吗？

河滩上

村前的小河，又活泼又快乐。它唱着歌，从很远很远的山上走来。在拐弯的地方，它放慢了脚步，淤出一片宽宽的河滩。

太阳淡淡地照耀着。河滩上长满了熟地草、狗尾巴草和奶浆草。红的小花、黄的小花和白的小花，杂开在草丛间，一摇一闪的。蝴蝶从这朵花，飞到那朵花，说了许多悄悄话。蜜蜂飞舞着，阳光从草叶上，从花瓣上溅起来。

有几匹马在低头吃草，打着响鼻。小马驹钻在母马胯下，踮着脚吃奶。牛铃叮叮，吃草的黄牛悠闲地甩着尾巴，有的抬着头，把青草反刍到嘴里重新回味，心情很好地看着远处的山、树和天上的云。羊群咩咩叫着，放羊狗跑来跑去，看它们抵架。云雀的歌声从天上洒下来。蚂蚁忙着搬家。螳螂和瓢虫约好了在草叶上晒太阳。

这时候，河里传来了响亮的笑声和吵闹声。一群放牛娃，光着屁股在河里游泳，玩水。他们叫，笑，跳，向同伴撩水，小河里飞溅着银亮的水花！

泼水节

初夏提着花篮来了。

凤凰花、攀枝花、太阳花、落三飘和伊兰香……美丽的鲜花，开遍西双版纳；盛装的西双版纳，迎来泼水节了！

泼水节，是傣族古老而又永远新鲜的节日呀！

我们也来泼水吧！用小瓷钵盛满清清的泉水，用树叶蘸着，轻轻地泼吧——

泼给小草，小草点头欢迎。祝福你，小草，愿你永远鲜绿，永远有许多虫儿来做游戏，捉迷藏。

泼给小树，小树拍手欢迎。祝福你，小树，愿你快快长大，招来凉爽的风，招来唱歌的小鸟，也招来在树下讲故事的老人，还有唱赞歌的歌手。

泼给花朵，花朵笑着欢迎。祝福你，花朵，愿你用许多色彩打扮我们家乡的土地，愿你用许多蜜和芳香，招待蜜蜂，招待蝴蝶，招待在花地上读一本图画书的小姑娘。

…………

啊，泼水节！人们在互相泼水，互相祝福。我们向小草、小树和花朵泼水，我们还想向小兔、小猴、小鸟，以及许许多多的动物朋友们泼水……

象鼻竹

阿爷讲，从前，我们的寨子里，常常有野象来做客。一群一群的灰象，在竹林里散步，在小河里玩水，还在草滩上做游戏……可是，有一个心肠不好的人，把象群赶走了。

我多么希望，象群再到我们寨子里来，我多么想和小象们在一起玩耍啊！

一天早晨，一团一团的雾气，飘到竹楼上来。这时，我看见一群灰象正在寨子里走动，忽隐忽现。难道象群想念我们寨子了吗？我惊奇地大叫起来："阿爷，阿爷，象群回来了，象群回来了！"

雾散了，象群不见了，我的眼前，是一蓬一蓬的竹子。竹梢弯弯地低垂着，就像大象的鼻子。啊，象鼻竹，你们是大象变的吗？你们是那群不愿离开我们寨子的灰象吗？

孔雀舞

傣族小姑娘喊凤，养了两只小孔雀。

小孔雀脖子又细又长，绿蓝绿蓝的绒毛，真可爱。

小孔雀慢慢地长大了，越来越美丽了。喊凤带它们到小河边饮水、洗澡，到竹林里捉虫，到草滩上吃嫩草、做游戏。

孔雀喜欢跳舞，动作优美。喊凤跟着学，跟着跳，还唱着好听的歌：

孔雀啊，孔雀，
你像金子一样闪亮，
你住在太阳的家乡……

喊凤七岁了，要到民族小学读书了。两只孔雀咬住她的筒裙，不让她走。“听话，”喊凤说，“我去报名领新课本。我学会识字，学会算术，就来教你们……”两只孔雀还是紧紧跟在喊凤后面。妈妈只好拿竹棍把它们轰开。

民族小学在一棵大青树旁，周围都是凤尾竹。

喊凤来到学校，老师问她会不会数数，会不会写自己的名字。喊凤只会数数，不会写名字。她怕老师不发给新课本，忙说：“我会跳孔雀舞！”

“真的？”老师说，“跳一个看看。”喊凤大大方方提起裙边，扬起手臂，唱着歌，轻快地跳了起来。就像一只小孔雀在溪边找食、饮水、洗澡、开屏呢！

不知怎么，两只孔雀听到了喊凤的歌声，不停地叫着，也跑来了。它们亮开美丽的屏扇，在喊凤身边旋转，鸣叫。老师和小朋友都拍起手来。

喊凤领到了新课本，带着两只孔雀高高兴兴地回家了。

我的小马

戴上花冠，丹丹更漂亮了。

丹丹是匹小马，是我的小马。它是我家枣红马生的。

那时候，冬天刚过去。从玉龙雪山吹来的雪风，还很冷。丹丹的四条小腿直打战，毛乎乎的身子紧紧挨着枣红马。我想去抱抱它，枣红马老用身子挡着。它太温顺了，胆子小得不敢离开妈妈一步。

真正的春天来了！玉龙雪山明朗的笑脸，在蓝天下闪闪发光。从山上流下来的小溪，欢快地走过村前的草滩。溪水里漂着杜鹃花、杏花和梨花的花瓣。鲜嫩的牧草，鲜嫩的野花！太阳的温暖，草滩的芬芳，使丹丹大吃一惊！它嗅着牧草和野花的香味，鼻翼翕动着。枣红马用头推着它，鼓励它去奔跑。

丹丹怯生生地离开妈妈，用浅吻轻轻地嗅触嫩草和野花。突然，一朵粉白小花飞了起来，吓它一跳。原来是一只蝴蝶。接着又飞来几只黄蝴蝶和花蝴蝶。它们围着丹丹忽上忽下、忽前忽后、忽左忽右地飞舞着，丹丹高兴极了。

夏天还没有过完，丹丹就长大了许多。你看它，通身像暗红缎子一样光滑、柔软、发亮；一双眼睛宝石般清澈、明净、美丽，简直是马族中的小王子呀！

丹丹成了我的好朋友，也是苏朗、木嘎、山梅的好朋友。放了学，我们就和丹丹在草滩上玩耍。

我们喜欢打扮丹丹。

采来野花，编成花冠，我们给丹丹戴在头上。还把一些花串披挂在它的脖子上，拴系在它的尾巴上。我们把它牵到溪边。它从溪水里看着自己的影子，故意撒娇，挤眉弄眼；傻乎乎地摇晃脑袋，逗得我们哈哈大笑。啊，当丹丹驮着我们的书包，在晚霞里走回家的时候，别提我们有多快乐了！

斑 鸠

斑鸠又懒又憨，大家叫它憨斑鸠。

斑鸠听了自然不高兴。可是又没有办法去掉这个绰号，只好自己生闷气，叫着：“气嘟嘟—嘟！气嘟嘟—嘟！”

捉斑鸠那才叫有趣呢！有一种方法，又简单，又好玩。

斑鸠总是有一顿，吃一顿。冬天，田里庄稼都收完了，斑鸠找不到吃的，饿得发慌。打谷场呢，早收拾得干干净净的，连谷壳壳都没有了。斑鸠还是飞来了，这里刨刨，那里啄啄，想碰碰运气，看能不能找几粒收落了的粮食。

这是捉斑鸠的好机会了！你在谷场上，挖几个杯子大的洞，差不多也是杯子那么深。挖好了，把麦子或豌豆撒在洞里。这些都弄好了，你就找个地方躲起来，千万忍着别笑出声。

斑鸠又飞来了，它们急得到处觅食。

有一只发现洞里有麦粒，高兴得不得了。又有一只也发现了，哈！都发现了，它们都高兴得直跳。它们围着洞子转悠，伸头进去啄，又啄不着，急得没法子。那就再把头伸进去点吧，扑的一下，它来了个倒栽葱，插到洞里去啦！别的斑鸠见它脚朝天，怪好玩，还以为它吃到了很多东西，高兴透了。于是，各自都插到洞里去。你现在哈哈大笑也不要紧了，反正斑鸠飞不了啦，你就提着笼子来“拾”斑鸠吧。

捉石蹦

在我们家乡，有一种田鸡叫石蹦。它比一般的田鸡大得多，背脊是青黑色的，没有水田鸡那么美丽的斑纹。头圆圆的，一对鼓鼓的眼睛，很亮。它常常躲在溪边，和长了青苔的溪石混在一起，简直分辨不出来。它是跳跃能手，一蹦老远，难怪叫它“石蹦”呢！

捉石蹦最有趣了——

晚上，天黑洞洞的，点上一把香火，沿着溪流慢慢地走。隔二三十步插一炷香，隔二三十步插一炷香，一直到把一把香火都插完。这一切，最好黑摸着进行，手电筒暂时不要用。插完香，没有事了，就坐在溪流边，听溪水淙淙地流淌，听青蛙呱呱地歌唱，听夜鸟惊醒时扑棱棱拍打翅膀，或者讲一段故事。偶尔回头看去，有许多小红点，是沿溪边插的香火，明明暗暗的。天空蓝莹莹的，无数的星星像要掉下来的露珠儿，闪闪烁烁。夏夜的空气是那样凉爽，稻花散发着一阵一阵的香气。

约莫过了半个钟头，提上竹篓，顺原路回去。这时候你看吧，在插着香火的地方，聚集了好多石蹦啊！它们蹲在地上，扬着头，眼睛像宝石一样晶亮，跃跃欲试地看着红红的香火。在手电筒的光柱里，它们还来不及跳走，就已经成了你的俘虏。

哥哥第一次带着我，还有小元、阿宝、兴旺他们去捉石蹦，用的就是这个办法。哥哥告诉我，夜间，石蹦喜欢出来吃溪边飞蹿的萤火虫。它们把香火当成了萤火虫。可又觉得奇怪："这'萤火虫'怎么一动不动呀？"它们看着，想着，研究着，结果被你捉住了。

石蹦的样子有点吓人，只是不像癞蛤蟆那样叫人讨厌。

捉石蹦眼睛要尖，手脚要快，要准。起初我不敢捉，哥哥鼓励我，说石蹦不会咬手。我大着胆子，一把按下去，捉住了。噫，石蹦身上湿漉漉的，很滑。不知为什么，我的手也湿漉漉的，嗅一嗅，有股腥臭味。

哥哥说，那是石蹦撒的尿。我气得要命，哥哥和小伙伴们哈哈大笑起来。

月光花

和上夜班的人一样，我们白天睡觉。

我们叫月光花。我们在月光下开放，我们在月光下吐露芬芳。

我们怕强烈的阳光灼伤花瓣。是的，我们有点娇气。科学家解释说，我们体内有一座非常有趣的“时钟”。它叫我们什么时候开，我们就什么时候开；它叫我们休息，我们的花瓣就闭合起来。做事总得有个秩序，还要遵守纪律。我们相信，科学家的解释是对的。

可是，请听我们说。夜里，你们的城市没有灯光行吗？你们的乡村没有灯光行吗？唉，一个夜行人，看不见月亮，看不见星光，他该多寂寞啊！于是，当月亮出来的时候，当星光闪烁的时候，我们开放了，和城市的灯光一起开放了，和乡村的灯光一起开放了。飞蛾飞来了，我们给它清香，给它一点点蜜汁。孩子们在草地上做游戏，唱着“月亮堂堂，月亮光光”，我们点了一盏温柔的小灯，给孩子们照亮。踏着淡淡月光，母亲牵着女儿散步。用母亲的爱，把我们嵌在女儿的发间。哟，母亲的女儿，可爱的小姑娘多么娇艳！一个深山小站。列车的灯光划破黑夜，轰然而过。目送列车远去的当儿，扳道工惊喜地叫起来：“月光花！”辛勤的扳道工发现，我们在陪伴他……

啊，和上夜班的人一样，我们白天睡觉。而当许多花儿睡觉的时候，我们代替它们上班。我们在月光下开放，我们在月光下吐露芬芳。

兄弟树

小时候，我和哥哥栽过一棵核桃树。

如果你在山村生活过，你总会知道：春天，房前屋后的菜园里，或者厕所周围，或者堆粪草的地方，或者水沟边、小路旁，常常会在你不注意的时候，长出一些小树苗来。有杏树、桃树、柿子树，也有核桃树、板栗树……只要曾经落过种子，春天里差不多都会长出树苗来。

我和哥哥栽过桃树，也嫁接过梨树。可是，栽得最好的是一棵核桃树。

这棵核桃树秧，嫩得像从地里喷出的一柱绿色泉水。紫红色的小树干，只有筷子般粗，上面有无数黄白色的斑点。叶片上的一层粉白的绒毛，几乎盖住了它的嫩黄的绿色。最先发现它的，不知是哥哥，还是我。当时，我们在沟边割喂牛的青草。我们的欢喜是不用说的了。

我们赶快用镰刀把它连根刨了起来，用青草包着，捧了回家。我们没有告诉任何人，我们要做一件秘密的事情。我们把核桃树栽在一点儿也不引人注意的地方，还砍了些刺棵子把它保护起来。

我们栽的似乎不是核桃树，而是我和哥哥的神圣的希望。用不着谁来督促，谁来布置，我们保护着小树，给它施肥，给它浇水，给它捉虫……做这些事，有时还得采取“秘密行动”。

不用说，我们的核桃树长得很好。我敢说，要是有谁也栽了一棵核桃树，那最好，最壮实的一棵，一定是我们栽的。看着一天天长高的小树，我和哥哥别说有多高兴了！

小树长大了，秘密也就保不住了。但一听到别人吃惊地说：“呀，谁栽的核桃树？都长这么高了！”我和哥哥相对一笑，心里是多么甜啊！

我们想说，这是“兄弟树”，是哥哥和弟弟一起栽的“兄弟树”！

第一次结核桃的情景，是我永远记得的。

那时，哥哥已经是合作社的会计，而我小学还没有毕业。我们看到核桃树上挂满了黄色的一串一串的核桃花。不久，一串一串的核桃花变黑了，落了一地。而绿叶间，已经缀满碧绿油亮的小核桃。村里大人说，一棵树上结这么多的核桃，他们还没有见过。看着一树的核桃一天天成熟了，我们舍不得打一个来吃。我们也警告小伙伴们，不要嘴馋，不要打还不成熟的核桃。在我暑假结束、新学年开始的时候，核桃成熟了，我们摘了满满的两背篼！到这时，我们才把我们的全部秘密公开：我和哥哥挨家挨户去送核桃——让村里的人，不论大人和孩子，都吃到“兄弟树”上结的核桃！

离开家乡后，每年我都要吃到家乡寄来的核桃。当然，这些核桃，就不只是“兄弟树”上结的了。

表哥家的燕子

我是春天到小表哥家去的。这时候，燕子妈妈正在孵小燕子。在许多人家的房檐下，都有燕子飞来飞去。听说，燕子来做窝，生儿育女，家里才吉祥呢！

我一到表哥家，他就问我："你们家有燕子吗？"我说："有！"他又问："也是在堂屋里做窝吗？"我摇摇头，他就把他们家的燕窝指给我看。原来，表哥家的燕子，把窝做在堂屋的梁上了！这时，一只白肚子灰身子的老燕正好来喂食，它直接从窗子飞进来。在窝边，它扇着翅膀，窝里的小燕子叽叽叽叫了起来，热烈地欢迎它。这只老燕才飞走，又有一只老燕衔着绿色菜虫飞进来。燕窝里又是一阵叽叽叽的叫声。

我觉得太好玩了。我想看看小燕。我和表哥找来竹梯，表哥扶着，我就上去了。哎哟哟，三只肉乎乎的小燕紧紧挤在一起，身子一起一伏的。它们闭着眼睛，头上和身上都长出一些细细的绒毛了。脖子软塌塌的，肚子很大。在粉红色的肉皮下，蓝色的血管像网一样，布满了全身。我轻轻地摸了它们一下，三只小燕子一齐抬起头来，叽叽叽叫唤着。它们的嘴巴挺大，有一圈黄边，像三朵刚开放的花朵，出现在我眼前。我惊喜地叫着，这些小傻燕，以为妈妈来喂食了呢！

忽地，一个黑影在我眼前一晃，吓得我几乎要从梯子上摔下来。原来是老燕来了，它准是以为我在伤害它的小宝宝，才那么凶狠地向我飞扑呢！我赶紧下了梯子。

因为有了这窝燕子，表哥家热闹多了。白天，窗子总是开着的。我记不得老燕一天来来回回飞多少次。为了它们的小宝宝，它们是多么辛苦哇！

火把花

六月，火把花开了。

我们这座小小的山村，我们这座要走许许多多山路才走得到的遥远的小山村，六月，火把花开了！

村前的水塘边，青石板铺的村道两边；

溪边，水流湍急的碓房和磨坊那儿，潮湿的长满墨绿色青苔的卵石垒砌的墙边；

我们山村小学的校门口，我们的篮球场旁边和跳远的沙坑旁边；

艳红的火把花，你开得多么热烈呀！

从每一家的小院里伸出来；从一团一团的绿树里伸出来；你玫瑰色的红光，闪耀在我们这个小小的山村。山村里的每一条小路，都被你照亮了；每一条小路上，都有你飘落的花瓣。

啊，火把花，你真是仙女的火把吗？我听阿奶讲，有一位美丽的仙女，她要到我们这个小小的山村里来。茂林密箐，山道弯弯。仙女打着火把走着，无数晶亮的火星，围在她身旁飞舞。当她终于走到村口的时候，公鸡叫了，太阳公公惊醒了。仙女一声叹息，将火把插在地上。太阳出山以前，仙女飞走了。霞光中，燃烧的火把，变成满树红花……

告诉我，火把花，你真是仙女的火把吗？

一个雨后的早晨，我去上学。粉红色的薄雾里，有雀鸟的鸣叫声；有木碓的舂米声；有牛铎清脆的叮当声；有羊群出厩时的咩咩声……突然，我看见我们的老师，我们的老师在校门口的火把花树下！火把花明艳地映照着，她淡黄色的衬衣上，隐约有一层红光。她在打扫校园，在轻轻地扫着被夜雨打落的花瓣。啊，难道我们的老师，就是那位举着火把的仙女吗？她从城里来到我们小小的山村，走了多少弯弯曲曲的山间小路哟！她来了，她教我们唱歌，教我们识字，教我们算术，教我们画画……啊，她是，她就是举着火把的仙女，她举着知识的火把！

火把花哟，六月里盛开的花！你满树红花如同燃烧的火把，照亮了遥远的小山村，照亮了我们——山村里的小学生。

大理石

我在溪边打磨我的大理石。溪水是清凉的，明净的。溪流来自有着许多传说的点苍山，来自埋藏着许多大理石的点苍山。我抄起清凉的、明净的溪水，在一块呈现着暗绿色和白色水纹的光滑的石板上，磨着我的大理石。溪边的一丛艳红的杜鹃，连同我的影子，一起映在溪流里。

我不知道我看见过多少美丽的大理石。我只知道，在我们这条有名的础石[①]街上，我看见的每一块石面，都是一幅美丽的图画——

有云海，有云海中的雪峰；有墨绿的、淡紫的青山，白得发蓝的云雾填满山谷；有潮湿的发亮的山崖，有崖畔的青松、绿树；有红的杜鹃、黄的杜鹃，啊，也许是经霜的秋叶，也许是山火的火苗；

有飞瀑，有溪流；晶亮的小石子，在清清的溪水里闪烁，仿佛是溪流的眼睛；

有绿茸茸的山坡，有卵石闪亮的河滩；有野花摇曳，

① 白族人民称大理石为“础石”。

有马群奔驰，有牛饮水，有羊吃草；

有小鸟跳跃在枝头，有小狗和小猫做游戏；啊，凡是天底下有的，在这些丰富的石面上都可以找到！

我不知道用我们家乡的名字命名的这种石头，为什么这样的美丽？

我问阿奶，阿奶说是“玉姑娘”点化的①。这是真的吗？大理石真是“玉姑娘”驾着彩云飞走后留下来的吗？我常常看着云遮雾绕的点苍山，看着传说“玉姑娘”住过的三阳峰，我想象着能点化出大理石的仙女“玉姑娘”。

可是现在，我在溪边打磨我的大理石。这采自点苍山的石块，我要像石匠阿爸一样，使它放射出光彩。我抄起清凉的、明净的溪水，在光滑的石板上磨着，磨着。当石块上显露出淡淡的画面，啊，我在驰骋的想象中，突然明白了——大理石，你不是“玉姑娘”点化的，你的美丽就来自我们的家乡！随着点苍山泉水的滋润，家乡的美景印在你的身上、你的心里；还有那许许多多神奇美妙的故事、传说，也印在你的身上、你的心里。是你，大理石，你把

---

①传说很古很古的时候，点苍山上飞来一位喜爱水光山色的仙女，叫玉姑娘。这位美丽非凡的仙女，她足迹所到，顽石都会变成美玉；她住在点苍山，点苍山上就长满了玉石。有个贪心的人想把玉姑娘抢到家里，独霸玉石。一天，玉姑娘刚游玩回来，隐藏在洞口的贪心人就扑了上去。慌忙中，玉姑娘虚身一晃，驾起了彩云。她飞走时，十分留恋大理的风光，便把点苍山上的玉石点化成印满水光山色、花鸟虫鱼的大理石。

家乡的美丽收藏！啊，我也突然明白了，大理石——要使家乡更美丽，既要开掘，也要创造，如同打磨你一样，大理石！

抄起清凉的、明净的溪水，我在溪边打磨我的大理石。啊，你以家乡的名字命名，大理石，你的美丽和家乡连在一起。

清碧溪

你从我们村旁流过。清碧溪，我童年的河。

跳跃着，跳跃着，你光洁的溪石上，有透明的珍珠跳跃着。你欢笑，你快乐，你和我一样，是个不懂事的孩子，你是多么调皮的小河。

左旋右转，你留下一个一个的小水塘，清清的，碧玉般的小水塘。啊，清清的，碧玉般的小水塘，那是你的一个一个的小酒窝，甜甜的，亮晶晶的小酒窝。

从小水塘里，我捧起彩色的溪石，还有很小很小的贝壳。我不知道，你的溪流里，怎么会有贝壳？从小酒窝里，我捧起彩色的梦，还有姐姐讲的“望夫云”的传说。我不知道，你的清流里，有没有那位公主的眼泪？

你从我们村旁流过。清碧溪，我童年的河。

你透明透亮，多么清凉。你原是点苍山上的晶莹的冰，洁白的雪。你一尘不染，明净得正如你的美丽的名字。

我喜欢坐在你白玉般的溪石上，看点水雀叼起一条闪光的小鱼；看翠鸟顺着你的溪流飞过。我也喜欢坐在你白玉般的溪石上，从打着漩儿的小水塘——啊，小酒窝里，捞起红的花瓣、白的花瓣、蓝的花瓣、黄的花瓣……我把你带来的这些花瓣，穿成一串，水灵灵的一串。

你从我们村旁流过。清碧溪，我童年的河。

我发现，姐姐也爱到溪边来。她在溪水里洗她黑亮的头发。她对着小水塘——啊，小酒窝——看了又看。她是看那些美丽的溪石，还是看故乡美丽的容颜？我永远记得，她在你的溪流边读一封信的情景。这封寄自民族学院的信，是邻村那个阿哥写来的。阿哥走的那天，姐姐从你的溪流里灌了一壶水送给他。现在阿哥来信了。我不知道阿哥写了些什么，我只看见姐姐的脸，红得像朵山茶花。

啊，清碧溪，我童年的河。我幻想着有一天我也到民族学院去，也带上一壶水，一壶你的甜甜的水。

月亮池

我们用白玉般的卵石，用许多美丽的想象，镶嵌你月牙形的池壁。哦，明净的、清凉的月亮池，你犹如一弯新月，落在我们的校园里。

你冒着许多水泡。一嘟噜一嘟噜的水泡，又晶莹，又饱满。站在池边，我们数着你的水泡。我们给你镶了一道花边——用我们胸前的红领巾，也用我们的一双双眼睛。月亮池，你是我们的镜子，我们喜欢对着你照镜子。

池里养了鱼。红鱼、黑鱼、背上有花斑点的鱼、银色的鱼、青色的鱼……哦，月亮池，它们都是你可爱的小淘气！我们给鱼儿送来点心。它们争抢着，吃得多高兴。月亮池，当鱼儿们捉迷藏、做游戏的时候，你也一定听到了我们的欢声笑语。

池里栽了藕。碧绿的荷叶覆盖着池面，嫩红的荷花多么鲜艳。月亮池，太阳照耀着你，你反射出紫蓝色的光波。彩色的蜻蜓飞着，好看的蝴蝶飞着，金色的蜜蜂飞着。它们在荷花上停一下，又在荷叶上停一下。阳光在它们的翅翼上闪亮，在它们停留的荷叶上闪亮。荷花的清香飘散在校园里，紫蓝色的光波照映在校园里。我们的校园又清香又明亮。

用你池里的水，我们浇花，浇树。用你池里的水，我们喷洒教室，喷洒校园。啊，用你池里的水调颜色，我们画了多么美丽的图画！还记得吧，月亮池。举办画展那天，白发的爷爷奶奶来了，我们年轻的爸爸妈妈来了。连那棵大榕树上的花喜鹊、八哥鸟都来了。我看见你和我们一样高兴。月亮池，你的心正如你的池水一样透明。

今天，在举行毕业典礼的今天，我们来到你的池边。我们来看你的水泡，你的鱼儿，你的荷花……从你的池水里，我们看见我们的影子。我们将永远记住这影子，在我们须发斑白的时候也决不会忘记。

再见，月亮池，再见！愿你永远像一弯新月，明净、清凉；愿你永远冒着银亮的水泡，永远有鱼儿捉迷藏；永远有荷花开放，永远有蜻蜓飞着，有蝴蝶飞着，有蜜蜂飞着……

学校旁边一条河

苍山十八溪的水，流到洱海里。西洱河，你流着洱海的水，你从我们学校旁边流过。

你有一河的绿波翠浪，你是一条美丽的河。我看见你的波光，映在我们教室的墙壁上，映在天花板上。你使我们的教室更加明亮。

我喜欢站在你卵石砌的河岸，看着你一朵浪花追着一朵浪花，每朵浪花上，都闪耀着一颗太阳。河面上驶出渔家的篷船，船头站着黑亮的鱼鹰。倏地一下，鱼鹰窜入河底，叼起一尾银亮的细鳞鱼。看那渔家小姑娘，她捉住鱼鹰的时候，把她鲜艳的影子投到你的清流里了。西洱河，你清凉，你透明，绿丝线般的水草，随着你的水波荡漾。那是你长长的秀发吗？西洱河！

苍山十八溪的水，流到洱海里。西洱河，你流着洱海的水，你从我们学校旁边流过。

你呵呵的笑声，传出你的快乐。夏天，我们追逐着、欢蹦着、叫喊着跳入你的清波，把水花溅得老高！潜到水底去，给学校那只灰猫抓一尾鱼，或者给女同学们捞一捧

贝壳，捞一捧彩色卵石。

我喜欢仰面朝天地躺在你的河面上，任你漂载着，漂载着，从黑龙桥的桥洞穿过。你的岸柳，低垂在水面。从柳荫下穿过时，我让柳丝轻轻地拂着我的脸面。

有时候，我们组织比赛，看谁游得最快。我们在水里游，岸上的伙伴们喊加油。调皮鬼们，总喜欢偷偷地去拉同伴的腿，让他呛一口水。喷鼻声、笑声、追打声……啊，西洱河，一整个夏天，你盛满了我们的欢乐，你是一条快乐的河。

苍山十八溪的水，流到洱海里。西洱河，你流着洱海的水。你美丽，你快乐，你从我们学校旁边流过。

甚至在夜晚，我也喜欢来到你的身边。我听到鲫壳鱼在水面泼刺的轻微声音，我看到金黄的渔火在远处闪烁。于是，我想起奶奶讲过的许多古老的传说：望夫云、蛇骨塔、玉白菜、小黑龙……看着你流着满河的星光，我又好像看见了你下游的那座大电站！哟，莫不是你把白天的太阳、夜晚的星光，都带到了电站，化成了电流，化成了明亮的灯光？

我越发地喜欢你了，西洱河！你从我们学校旁边流过，你流着洱海的水，你流着传说，你流着光亮，你流着快乐……

小岛岛

“一小一小，小岛岛！”

下关一小，我的母校。我的母校，是个小岛岛。

西洱河从这儿流过。西洱河分出的“子河”，从这儿流过。你是西洱河与“子河”之间的一个小岛岛。

你有石板的小桥，铁铸的桥栏光滑乌亮。你有卵石砌的河岸，有垂到河面的岸柳。柔软的柳条像孩子的小手，它给西洱河抓痒，给“子河”抓痒。它逗得西洱河笑个不停，逗得“子河”扭弯了腰。你有鲜艳的荷池，在红的荷花和绿的荷叶间，有彩色的蜻蜓在飞，有金色的蜜蜂在飞，有花蝴蝶在飞。你有花岗石的台阶，有一对大石狮子。我喜欢骑在石狮背上，我想象它能把我带到很远很远的地方。你有大理石镶嵌的花坛，花坛上，有时山茶花开放，有时蝴蝶花开放，有时金盏花开放……不同的季节，有不同的花开放；一种花谢了，一种花又开了。有多少挎着书包的娃娃，就有多少迎着太阳开放的花。小岛岛，我的母校，你是花朵的学校。

小岛岛，我的母校。我喜欢你石板的小桥，喜欢你乌亮的桥栏。我喜欢你的岸柳，你的荷池，你的石狮子，你的花坛和花朵们。啊，我喜欢我们的教室，西洱河的波光，映在它的天花板上。我想捧住这些晃动的波光，这些晃动的波光，时时勾起我奇异的想象……

小岛岛，我的母校。在我们到将军洞去野餐的时候，在我们到点苍山去采花、去捡菌的时候，我从高处看到你，看到你像一艘大轮船，一艘飘扬着五星红旗的大轮船。我们的教室，那些有着明亮的玻璃窗的教室，不就是你的客舱吗？你不是每天都运载着我们，在知识的海洋里破浪前进吗？

你也像一条巨大的鲸鱼。那棵在太阳下闪着绿光的、有着圆弧形树冠的大青树，多么像你——巨大的鲸鱼——喷出的绿色水柱！啊，大青树的绿色的喷泉，大青树的绿色的水柱！给了我们多少阴凉，给了我们多少快乐！那口古老的铜钟，挂在粗壮的枝干上。当！当当！当！当当！钟声敲响的时候，我们从教室里飞出来，飞到树荫下，飞到西洱河边。许多小鸟也飞出来，有八哥，有花喜鹊，有斑鸠，也有麻雀，从浓密的枝叶间，它们飞来飞去。它们在树顶上飞蹿，它们擦着河面飞蹿。太阳的光芒在它们的身上闪亮，在它们的翅膀上闪亮。我想，小鸟们也是刚刚下课吧？它们在大青树的绿色的教室里上课，它们学算术，看谁吃的虫子多；它们学唱歌，看谁唱得更好听、更美妙。钟声敲响了，它们和我们一起下课了……

啊，小岛岛，我的母校！你是一艘大轮船，你是一条喷着绿色水柱的大鲸鱼！

梧桐树

校园里的梧桐树，你是我们的朋友。

我记得你春天发芽的时候，灰白色的、有细柔绒毛的芽苞，是多么新奇、多么快乐地出现在枝头！春雨给你洗了澡，就像小弟弟微笑着睁开眼睛，你枝头的芽苞都绽开了。你有着美丽斑纹的树干，绿得非常可爱。除了你，还有什么树的树干，能这样绿呢？

校园里的梧桐树，你是我们的朋友。

我想，在夏天那些炎热的日子里，你一定看见我在你的树荫下做功课吧？你也一定知道，这水磨石的圆桌，是什么时候安放在这里的吧？我听老师说，是以前毕业班的大哥哥、大姐姐们留下的纪念。梧桐树，你一定很高兴吧？光滑的、明净的、美丽的水磨石圆桌，安放在你的树荫下。我仰着头看你。透过你密匝匝的绿叶，我看见晶亮的阳光在闪烁，我好像看见了夜空中的星星，我好像看见了你的明亮的眼睛。你也在看我吗？梧桐树！

校园里的梧桐树，你是我们的朋友。

秋姑娘还在忙碌着：忙着给田野里的庄稼涂颜色；忙

着给果园里的果实涂颜色；忙着给山林里的树木、野草，以及各种各样的秋天里的花朵涂颜色。梧桐树，你开始悄悄地落叶了。你为什么要落叶呢？梧桐树！我愿你永远鲜绿，永远有一片树荫。可是你摇摇头，又抖落几片树叶。满枝的叶片都要落光了，你就不难过吗？梧桐树！我们把你的落叶积起来。我们点燃了叶片和枯枝。火焰跳跃着，发出呵呵的笑声。我们把黑色的灰烬，埋在你的脚下，让你落下的叶片，变成你的养料吧，这是我们非常真诚的希望。

我突然发现，原先在你树荫下的水磨石圆桌亮了起来。那里照射着灿烂的阳光。我明白了，梧桐树！你是想，冬天特别需要阳光，你落了叶，好让阳光更多地照射大地吗？我敢肯定，梧桐树，你准是这样想的！

校园里的梧桐树，你是我们的朋友。你给我们浓荫，你给我们阳光。

太阳鸟

你们喜欢集体的生活，太阳鸟。你们生活在我们村后的树林里。

在我到树林里去拾蘑菇的时候，在我到树林里去摘野果的时候，或者在我到树林里去捡柴火的时候，我常常看见你们成群地穿枝绕林而过，像许许多多会飞的花朵。

你们也喜欢热烈的、快乐的生活。

你们在树林里唱歌，唱许多歌。

吱吱吱，嘎嘎嘎，你们嘈杂一片地唱着。

你们的歌声很好听。你们身上的颜色特别好看。

你们有火红的，灰蓝的，金黄的，翠绿的……还有紫亮紫亮的。

从你们身上，可以找到大自然里的各种颜色。

我不知道，你们为什么会有这么多的颜色？我只是想，你们的颜色是太阳给的。假使没有太阳，没有光亮，谁又能看见你们有这么多好看的颜色呢？

你们喜欢集体的生活，你们喜欢热烈的、快乐的生活，太阳鸟。

你们生活在我们村后的树林里。

早晨，当你们——火红的太阳鸟，灰蓝的太阳鸟，金黄的太阳鸟，翠绿的太阳鸟，紫亮的太阳鸟……迎着晨光飞蹿起来的时候，太阳的光芒在你们身上闪亮，太阳的光芒在你们的翅膀上闪亮，天空中好像有许多红宝石、绿宝石、蓝宝石、黄宝石在闪烁。当你们在太阳光里闪耀着美丽的色彩，从太阳光里传来你们嘈杂一片的喜歌的时候，我们——村里的小学生们，正背着书包，蹦蹦跳跳地走向学校。

五彩路

校园里的五彩路，你用西洱河的彩色卵石铺成。

西洱河是一条美丽的河。在它明净透亮的水底，有许多彩色的卵石。有玛瑙红的，有翡翠绿的，也有蓝宝石般晶亮的；有洁白的、墨黑的、鹅黄的，还有带条纹的和洒着斑点的。它们来自高山，来自远远的山箐。溪水冲击它们，洱海的风浪淘洗它们。最后，它们来到西洱河里。在明净透亮的河里，彩色的卵石们，闪烁着绚丽的、晶莹的光彩。在明净透亮的河里，它们愉快地讲着自己的故事，讲着自己的经历。于是，我们看到了河流的闪光，听到了河流的歌唱。啊，彩色的卵石，勇敢的石头孩子，它们丰富的色彩和同样丰富的经历，使西洱河更美丽！

于是，从西洱河里，我们捞来彩色的卵石。用彩色的卵石，我们在校园里铺了一条路，一条五彩路。新入学的小朋友走在五彩路上；新入队的同学走在五彩路上；毕业班的大哥哥大姐姐走在五彩路上。我们把歌声、笑声，洒落在五彩路上；我们用脚板擦拭出五彩路上美丽的花纹！啊，我们走在五彩路上，仿佛听到五彩路的笑声、五彩路的歌唱。彩色的小石子们，每天都在惊喜地讲述着自己新的发现、新的经历，描绘着自己新的故事。它们讲太阳的明亮，讲花朵的芬芳。啊，它们讲在校园里看到的一切、听到的一切：我们的中队，我们的墙报，我们的联欢晚会，我们的拔河比赛……

校园里的五彩路，你用西洱河的彩色卵石铺成，你也用彩色的理想铺成，你使我们的校园更美丽！走在你五彩的路上，我在心里唱着一支歌。这支歌，唱给流着绿波翠浪的西洱河，唱给我们的学校，唱给老师，唱给同学。我想，不论将来我走到哪里，我都会因为走过你五彩的小路而自豪。我也希望，希望我能成为生活溪流中的一粒彩色的小石子，希望我能铺在五彩斑斓的生活道路上！

妈妈教我一个字

妈妈，你是普通的农村妇女，你没有文化，你不是从书本上教我这个字；你是在生活里，用你的心让我感受，让我懂得这个字的含义。

妈妈，当我躺在你的怀里，吮吸着你的乳汁，你轻轻地拍着我的小屁股，轻轻地梳理着我的绒头发。这时候，我知道你是多么爱我，你用爱的乳汁喂我。

你喜欢打扮我，妈妈。你说我是你的心肝、你的花朵。你给我绣了多么好看的“兜肚”，你用碎布拼接了多么好看的“百宝衣”“百宝裤”。还记得吧，妈妈，有一次绣花针戳破了你的手指，我看见了红红的血珠珠。我抱过你的手轻轻地吹，吹。我说，吹吹就不疼了。妈妈，你笑了，把我亲了又亲。你真的不疼了吗，妈妈？

有一段时间，我们家生活很苦。爸爸不在家，他帮人家做事去了。你带着我，妈妈，过着很艰难的日子。我们吃了很多野菜汤。我的那碗，总是放了盐的。妈妈，你那碗没有放盐，你为什么说比我的还香？我没有鞋子穿，赤着脚去放牛，脚上戳了刺。妈妈，你给我挑刺的时候，手为什么颤抖？你说你看不见刺，一点儿也看不见。妈妈，那是泪水模糊了你的眼睛。我知道，妈妈，你是流着眼泪给我挑刺。

在我们房后，有许多果树。有老祖栽的香梨树，有爷爷栽的核桃树，有爸爸栽的柿子树，还有花红树、杏树、李子树……我吃香梨，我吃核桃，我吃柿子，我吃花红……我有很多果子吃。妈妈，春天里，你叫我也栽一棵树。你说，自己栽的树，果子更好吃。于是，我栽了棵桃树，一棵很美丽的桃树。当桃树第一次结桃子的时候，我已经上学了。妈妈，我把最大的一个桃子摘给你，你却叫我把它带给老师……

啊，妈妈，你也是我的老师，我的第一位老师！你把世间最宝贵的一个字——爱——教给了我。从你的爱中，我认识了美丽的人生，我也懂得了爱的真谛：爱就是给予，就是牺牲自己。把爱给别人，像妈妈你一样。

书 包

你注意过小学生的书包吗?

那些牛津包,那些塑胶帆布包、保健包,那些迷彩包!印着熊猫、长颈鹿,印着花仙子、蓝精灵、变形金刚……要多鲜艳有多鲜艳,要多漂亮有多漂亮!

看着这些使我们的城市变得美丽、鲜亮,变得朝气蓬勃的小学生和他们的书包,一个仿佛是为了对比而出现的画面掠过心头,我想起我童年的书包来了!

我上小学,最初是在老家——乌蒙山区一个贫寒而美丽的小山村。那是将近四十年前的事了。那时,我家境况不好,本来是十几口人的大家庭也分了家。一间关过猪牛的厢房,成了我们的住屋。潮湿和窄小不用说了,土墙和门板上的猪牛和粪草的气息总也散不掉。父亲不在家,他很早就在外谋生。母亲带着我和妹妹,住在这厢房里,过着吃不上盐巴的日子!那时候,我已经到了上学的年龄。看到隔壁邻居的伙伴大呼小叫地往小学堂跑,我也慌了。把母亲夹鞋样、夹丝线的几本破书翻出来,找两块和书本大小差不多的薄木板,又刮又磨弄光滑了,夹住书本,用

麻线捆牢，拎着也往学堂跑。不用说，我又拎着我的破书，垂头丧气地、眼睛红红地回来了。读的不是这种发黄的残角缺页的破书，是那新崭崭的语文、算术！要用钱买，要交学费！我买不起课本，也交不起学费！我只能远远地看着那崭新的漂亮的被伙伴们翻得哗啦哗啦响的课本，只能远远地模糊地看伙伴们的笑脸，听着他们夸张的兴奋的叫喊！我拎着我的破书，忍着我的泪水往回跑，往回跑……

可是，我看到了怎样的情景啊！

在我家低矮破旧的厢房门口，母亲坐在草墩上做针线。装针线、装碎布的团簸箕斜斜地放在母亲的腿上。薄薄的阳光，刨食的鸡，伸懒腰的狗，平和，宁静。母亲是多么年轻，乌黑的头发浮着一层亮光。母亲拈针在额头划了一下的当儿，抬眼看见我，粲然一笑说："都要进学堂读书了，还疯跑哪样？"什么？"进学堂读书？"我疑惑、惊喜，叫了声"妈！"扑在母亲怀里大哭起来。母亲抚揉着我的头，温热的泪滴在我的脸上、脖子上。我嗅到特殊的只有母亲身上才有的气息和香味。母亲扯起衣裳揩眼睛，说："快挎上书包让妈看看。"原来母亲是在给我做书包！朴素的纯净的蓝色，盖面滚了边，嵌一枚绒布的鲜红的五角星；书包带长了点，母亲说我还在长个。母亲为我拉拉皱巴巴的衣角，理理额头上的乱发，泪光莹莹地把我看了又看……

我挎着母亲亲手为我缝的书包上学了。我知道母亲为了让我上学，为了给我缝个新书包，又帮人家推磨、舂碓，又熬夜为人家挑花做针线了。这难道仅仅是个普通的书包吗？它装满着母亲的希望，母亲的爱呀！它使我在学业上不敢有所荒疏，不敢懒惰。尽管后来我又换了许多书包，但母亲给我做的书包，以及母亲做书包时的情景，我总也忘不了。

当然啦，我童年的书包，是没有今天少年朋友们的书包漂亮，没有那么多的色彩和图案。但是少年朋友，我们的书包有一点是相同的，那就是满载着父母的期望，父母的爱！

苍山

我又见到你了，苍山。

我从很远的地方，回到我童年生活过的芬芳的土地上。苍山，我第一眼看到的，就是你。你也看到我了吗？我已经来到了你的身旁。

当第一抹霞光照耀着你的时候，苍山，我向你问好！

你还是那样的青苍，那样的鲜绿，“玉带云”梦一般地缭绕着你。

以前，从斜阳峰到云弄峰，苍山，我和童年时代的伙伴，曾从南到北把你寻访。我们在“将军洞”欣赏“猴子水”的飞瀑；在清碧溪，捡拾彩色的溪石。在万花溪，我们用野花织成花冠，戴在同伴的头上；在蝴蝶泉，我们把一枚一枚晶晶亮的硬币，沉入泉底。我们也曾在凤眼洞、龙眼洞，发掘你神话的宝藏。

苍山啊，我多想你！

记得有一年冬天，山火在你的峰巅蔓延。我们停止了在校园里的联欢，连夜上山去扑灭那无情的火焰……

啊，我想起我栽的小树来了。或许就是在山火烧过的地方吧，有我和我的同伴栽的小树。那时候我还戴着红领巾。我栽下小树，也栽下我少年的心愿。我愿它长在你的怀里，用根须，紧紧地抱住你。感谢你，苍山，你用泉露滋润着我栽的小树，你也用风霜雨雪磨炼它的身骨。我相信，我栽的小树一定长高了。在它的枝叶间，会有小鸟停留，会有小鸟歌唱。它的周围，会有繁茂的家族，会有山茶花开放，会有杜鹃花开放……啊，苍山，我让我栽的小树做代表，永远承受你的爱抚，你说好吗？

洱 海

站在村头的高大繁茂的风水树下，站在溪边的光洁的卵石上，洱海，我看见你是蓝色的、银色的、彩色的……阳光在你的水面上跳跃。

蓝天和蓝天上松软的白云，映在你的水里；

鸡足山和山顶的白塔，映在你的水里；

海东的赭红色的石壁，还有大片大片的果园，映在你的水里；而站在海东的山崖上，一定看见点苍山耀眼的雪峰，映在你的水里；一定看见绕在山腰的“玉带云”，映在你的水里；

银亮的、宝塔般的白帆，在你的水面浮游；它们的影子，也映在你的水里；

这些有时摇晃、有时清晰的影子，又美丽，又神秘。

我想起了奶奶讲的许多故事，有石骡子的故事，有玉白菜的故事，有珊瑚树的故事……在波动的影子里，我好像看见：玉白菜巨大的叶片下，有一只绿色的青蛙；光灿夺目的珊瑚树的枝丫间，鱼在游，虾在游；而闪闪发光的石骡子，好像在抖动银白的鬃毛……啊，洱海，神话的海，故事的海！

让快乐的小溪，载着我竹壳的小船，流向你吧，洱海。我用树叶做我小船的风帆，我在船舱里装载新鲜的花瓣。我希望小船返航回来的时候，花瓣上已经写满你神奇的故事。

站在村头的高大繁茂的风水树下，站在溪边的光洁的卵石上，我看着我竹壳的小船，扬着帆，驶向洱海……

三月，我们去植树

三月，我们去植树。

小鸟欢迎我们，小鸟给我们带路。

春风欢迎我们，春风吹着口哨。

吹着嫩绿的小树苗，吹着艳艳的红领巾。

开放杜鹃花的山坡欢迎我们，蜜蜂欢迎我们。

挖开潮湿的红壤土，山坡上我们植下一片新鲜的小树。

一个绿色的希望。

一个绿色的梦，绿色的童话。

定然会有小鸟来做窝，来歌唱。

也会有小白兔来采蘑菇，有小松鼠来捉迷藏。

那个戴红帽的小姑娘，她遇到的将是“林中睡美人”，绝不是一只狡猾的狼。

还要开许多美丽的七色花，还要结许多金色的智慧果……

三月，我们去植树。

植一片绿色的希望，绿色的梦，绿色的童话；

还植一支绿色的歌……

春天的拜访

吱吱，喳喳，学着小鸟的鸣叫，学着小鸟的歌唱；

春天，我们走进树林。去拜访野花，去拜访草叶上的雨滴，去拜访新发的嫩芽，去拜访小鸟。

一切都是那么新鲜，包括我们自己。

姑娘们采了多少野花啊，美丽的花冠，把她们打扮成林中公主。

我们不但喜欢采花，我们还喜欢小鸟。

这片芬芳的树林，住着许多小鸟。

有鹧鸪，有斑鸠；

有杜鹃和画眉，还有栀子花雀；有布谷鸟和山喳鸟啦……

鸟儿们在这里捉虫，在这里唱歌，用歌声用飞翔，它们传递友谊，传递树叶和花朵的悄悄话，传递树林里的故事。

看见我们，鸟儿们还有些害怕。它们飞到高高的树枝上，躲藏起来。

哦！朋友们，你们错了。我们已经不是淘气包，我们不会再捕捉你们了。

看我们带来了什么？

草编的鸟巢，木制的小屋！

喜欢这些礼物吗？盼望你们多下蛋，多孵抱鸟宝宝。

快来看看你们的新居吧！鸟巢编得多么精细，又柔软又暖和。木质的小屋来自童话国。

吱吱，喳喳，我们和小鸟声声呼应了。

小鸟和守林老人

起初，鸟儿们非常惊诧：怎么来了个白胡子老头儿？是捕鸟的吧？打猎的吧？不像。带了一条黑狗，可没带猎枪。老人在树林里建盖了小屋，在树林里住了下来。

奇怪，鸟儿们用晶亮的小眼睛彼此询问着，用它们鸟国的语言争论着。

不过，很快，鸟儿们就发现，他是个好老头儿，是它们天堂的保护神。

那天，来了一伙偷砍树木的人。老人带着黑狗，叫喊着去阻拦利斧的挥舞。激烈的争吵，黑狗的狂吠，老人展开一张布告。那伙人虽然还在吼叫，但他们终于发现：老人是一尊真正的山神。他们低下了头。

那伙人走了。老人轻轻抚摸受伤的树干，抚摸流出树脂的伤痕。

拾起从树枝上震落的鸟窝，四只雏鸟在老人手里颤抖。轻轻地，老人把鸟窝安放在树枝上，又捉来几只树虫，安慰受惊的雏鸟……

老人取得了鸟儿们的信任，鸟儿们认定他是一个

“好人”！

老人走动在浓密的树荫里。白发满头，是一朵硕大的蒲公英，是一盏明亮的神灯啊！

鸟儿们开始拜访老人的小屋，叽叽，喳喳。翻译出来是：“您好！您好！”

老人呵呵笑着，用饭粒和爱抚招呼他的“客人”。一只大胆的黄色小鸟，衔着一颗草莓停落在老人的肩上。老人伸手接住了这珍贵的馈赠。接着又是一颗，又是一颗……

这一夜老人睡得很好。

时间在树叶上写了许多故事。许多故事深深地嵌进树的年轮。

老人老了，他要和每一只鸟、每一棵树告别了。

林中小屋没有升起炊烟那天，鸟儿们知道老人走了。这是树林里又静寂又黯淡的一天啊。

这时候，鸟儿们都来了。成百上千的鸟儿，在林中小屋上空盘旋。

鸟儿们衔着无数的花瓣、无数的绿叶，伴着阳光，树林里下了一场花瓣雨、绿叶雨。飘落的花瓣和绿叶，掩盖了林中小屋……

小船悠悠（外一章）

翠湖漂着小船，漂着快乐的星期天。

爸爸放下了书本，放下了计算尺。妈妈放下了毛线，放下了菜篮子。我放下了数学题，放下了英语单词。

食品袋，装满鸡蛋糕、苹果和香蕉。

云一样轻松，我们去翠湖划小船。

小船悠悠。又惊又喜，划破水中的蓝天。

白云的笑声，拍打船舷。

咬一嘴红苹果，又香又甜。

啊，爸爸是这样年轻，妈妈是这样漂亮！我们一齐唱《让我们荡起双桨》，一齐唱《聪明的一休》。

小船悠悠。穿过九曲桥，穿过燕子桥。轻轻地，别搅乱柳丝的垂钓。钓到鱼儿了吗？只钓到翠绿的影子？只钓到金黄的星星花？只钓到片片流霞？哈哈！

来吧，蜻蜓！来吧，小鸟！到我们小船上来吧，我们做朋友吧！告诉我，你们捉了多少蚊虫？告诉我，你们也喜欢星期天吗？

来吧，爸爸！来吧，妈妈！用力划，我们用力划，超过前面的叔叔和阿姨。尼龙伞下，他们是不是在说悄悄话？

木桨旋起圆圆的笑声，旋起圆圆的翠湖的酒窝。爸爸脸上少了皱纹，妈妈脸上多了红润。哈，我的脸上，划过小红鱼的快乐！

悠悠小船，漂满翠湖；小船悠悠，装回一个翠湖，一个快乐的星期天！

湖心·亭

这里有鱼，有荷花。

妈妈带我去看鱼，看荷花。

给鱼儿们，带上面包，带上米花和饼干。给荷花呢，只带上我的眼睛，只带上我幻想的心。

刚刚下过一场大雨。池水平静，受惊的鱼儿，都在荷叶下躲藏。碧绿的荷叶，捧着饱满晶亮的水珠，捧着千万颗太阳。出水荷花，淋浴过雨水，明亮如朵朵烛光，又新鲜，又清香。红的蜻蜓，黄的蜻蜓，摇闪着丝丝阳光。它们停落在荷花上，停落在荷叶上。

“鱼，爷爷，鱼！”穿黄背心的小弟弟，在老爷爷身边跳跃。

鱼出来了，从荷叶底下出来了。红背脊的鱼，青背脊的鱼，乌背脊的鱼，还有背脊上有许多斑点的鱼，它们游出来了。吹一个水泡，扭一下身子，看它们多淘气！

米花撒下去，面包屑撒下去。争抢吧，争抢是可以的。

呀，大鱼干吗欺负小鱼！

溅起了银亮的水花，溅起了银亮的阳光和笑声。快乐的湖心亭！

小弟弟的米花撒完了，他闪着惊奇的目光。我给他一把米花，得到一声“谢谢姐姐”！我们一起撒米花，撒六月的“雪花”！撒妈妈吻着我的笑，撒老爷爷抱着小弟弟的笑。

湖心亭，鱼的家，荷花的家，阳光和笑声的家！

哦，妈妈，让我去当一会儿鱼吧。让那条小红鱼变成我，让她来为我撒米花。或者，让我当一会儿荷花吧，让风让阳光，托着我的清香，在我们幼儿园小朋友中间飞翔……

伞 花

早晨，我们上学的时候，下雨了。温暖的夏雨，密集地落在银桦树上，落在梧桐树上。银桦的羽状的叶子，梧桐的三角形的叶子，被雨水洗得又绿又亮。银桦龟裂的褐色的树干淌着雨水，梧桐有着美丽斑纹的树干淌着雨水。从树叶上滴落的雨水，在石板小路上溅起银亮的透着珍珠色的水珠。

哟，一路上撑起了多少好看的伞啊！淡红的伞，嫩黄的伞，深蓝的伞，伞上还有多么美丽的图案！

这是我们撑起的伞，这是夏天雨中开放的伞花。我们踏着银亮的透着珍珠色的水珠去上学，每一朵伞花下，都是我的同学。雨欢快地下着，欢快地在我们的伞上唱歌。它为伞花的开放唱歌，它用亲切的话语和热情的声音，送我们上学。

我忽地想到一个童话——

树林里，小熊们、小兔们、小鹿们，还有小松鼠们和小猴们去上学。突然间下起雨来。无数的蘑菇撑着小花伞来了，给朋友们每人发一把。于是，小熊们、小兔们、小鹿们，还有小松鼠们和小猴们，撑着蘑菇的小伞去上学了。于是，树林里开了一串斑斓多彩的伞花……

我多么高兴，我在上学的路上想着一个童话；我多么高兴，我上学的路上开了一串童话般的伞花！

玩月亮

我们的村子叫“大树村”。

你知道村里有多少大树吗？不知道？就给你说说最大最古老的一棵吧！这是一棵大青树，又粗又壮地站在祠堂后面。它的一个枝丫被炸雷劈掉了一半，伤疤长成磨盘大的树瘤，这树瘤有点儿吓人，像一只怪眼睛木呆呆地瞪着你。真的，要是一个人，我是不敢在树下玩的。守祠堂的树春大伯，笑话我的胆子比斑鸠还小，原来一窝斑鸠把窠筑在树瘤里了，这些狡猾的家伙！铁蛋逞能要爬上去掏斑鸠，树春大伯跺着脚用烟锅指着吼起来：“小兔崽子，大树有眼！”铁蛋被唬住了，挠着脑袋看斑鸠飞出飞进，树春大伯哈哈笑得胡子乱抖。其实大青树是喜欢我们在它的树荫下玩耍的，就像树春大伯喜欢我们围着他听他“摆古”，摆完了就叫我们到山箐里给他提水来煨茶。大青树不要我们给它提水，它见我们玩得满头大汗，反倒用它的大叶子哗啦哗啦给我们扇凉风。这时候我觉得它的眼睛一点儿也不怪了，成了一个笑歪了的嘴巴。

最有趣的是晚上，月亮出来的时候，我们在大青树下

“玩月亮”。

夏天的傍晚，潮湿的凉气从山林里吹来，从竹篷里吹来，从青蛙们咕呱咕呱吵闹的水田里吹来，还从大青树里散发出来。大人们三三两两来到祠堂的大门口，坐在光滑的凉荫荫的石台阶上，悠闲地咂烟讲笑话。一条黄狗和黑狗在追逐打架。依沙大婶“儿弄儿弄”地叫唤着，追赶一只不想进圈的小花猪……这时候，月亮出来了！月亮，水灵灵、嫩汪汪的月亮，它的光波笑眯眯地四处荡漾。我嗅到一股从天而降的气息，凉丝丝的，好像还有一种甜甜的、润润的香味，是山林的香味？庄稼地的香味？还是河水的香味？大青树的香味？我只觉得这香味在我的周围弥漫着，弥漫着，简直可以捧在手上！细细听，还有一种声音，不是虫鸣，不是风声，不是树叶摇晃发出的轻响，是什么声音呢？落在草棵上，落在一团一团的树冠上和竹篷上，落在瓦沟上，落在从牛圈里散发出来的可爱的气味上，难道是月光的声音吗？我惊奇得想大声叫喊。我的叫喊慢了一步，让依香抢了个先。依香一声“玩月亮咯！”把大树村所有的门窗都打开了——伙伴们又吼又叫跑了出来，跑到大青树前的场院上，围着圈儿“玩月亮”。依香领头唱了起来——

月亮出来了，
大家出来玩，

拉起手站成排，
月亮底下转圆圈。
手儿拉得紧，
脚儿齐又快。
脚儿齐又快，
圆圈转得圆。
转得圆，
转得欢，
多好玩呀多好玩……

我们的圆圈转得像月亮一样圆，月亮看着我们玩，高兴得颤抖起来，把温柔的光芒洒在我们汗湿的脸上和头发上。月亮也和我们一起玩，一起跳，和我们一起哈哈笑了。月亮的笑声把树洞里的斑鸠惊飞起来，它咕咕咕地叫着，说："我也要玩月亮，我也要玩月亮！"可是它不敢飞下来，这憨斑鸠啊！大树有眼，月亮做证，我们绝不会捉你了！

鲜花节[①]

我们的山村很小。

我们的山村在怒江边。

碧清的江水，映着两岸的高山：东岸的碧罗雪山，西岸的高黎贡山。我们的山村在西岸。村里有高大的攀枝花树，有木瓜树和核桃树。

我们生活在我们的山村里。

民族小学的钟声，准时敲响；古驿路上，马铃叮当。

铁链桥没有架通以前，阿爸把心挂在溜索上，像鹰一样飞过江去。

划着独木舟，阿爸在江上捕鱼；扛上犁头，赶上牛，阿爸上山种庄稼……

阿妈一边走路，一边纺线；在我们的衣裙上，阿妈绣制好看的图案……

---

① 云南怒族人民能歌善舞，酷爱鲜花，每年农历三月十五，是他们传统的鲜花节。孩子们是最快乐的参加者。人们互赠鲜花，互相祝福，夜晚饮酒跳舞，欢歌达旦。

我们生活在我们的山村里。

我们对着大山唱歌，对着怒江唱歌。春天，我们要过鲜花节。

啊，春天——

怒江流着天上的云彩，流着两岸的花光；

太阳鸟的翅膀，托着鲜花的色彩、鲜花的芬芳；

炊烟升起了山村的笑声，竹筒里装满了苞谷水酒的清香。

这时候，我们的山村非常快乐，我们要过鲜花节了。

从高黎贡山，采来山茶花、杜鹃花；

从碧罗雪山，采来马缨花、龙胆花；

还采来雪山兰和虎头兰，采来紫丁香和野玫瑰；

鲜花节，我们民族古老而又芬芳美丽的节日呀！

我们把鲜花和种子，献给山洞里石刻的仙女。据说，她能给我们吉祥、勇敢和快乐。

我们互赠鲜花。

和带领我们向国旗敬礼的老师互赠鲜花；

和放电影的阿叔互赠鲜花；

和送来报纸与画册的乡邮员，和运来盐巴、布匹、肥皂、作业本及半导体收音机的赶马人互赠鲜花；

也和被太阳晒黑了的长辈互赠鲜花。

我们互赠鲜花，说许多美好的话。送鲜花的人和接受鲜花的人，都像鲜花一样美丽呀！

最后，我们来到怒江边，我们把鲜花放在江流里。

听说，公路要修到我们山村呢。我们请江水送去我们的鲜花，献给修公路的阿叔。啊，公路就要修到我们山村了，我们请江水送去我们的鲜花……

牛恋乡

我们住在滇池边。

我们的村庄叫“牛恋乡”。

假如你来我们村里做客——欢迎你来——我们会给你讲一个故事——

你知道天上有许多神牛吗？傍晚，你朝天上看，水塘般澄碧的天边，有一朵一朵金红的、金黄的、金紫的，还有银白的、浅灰的、暗褐色的云块，那就是神牛。它们在天池畔吃草、散步，在天池里沐浴呢！

跟我们一抬头就看见太阳，看见云彩，看见夜里的星星和月亮一样，天上的神仙、神鸟和神兽，也看得见地上的人，地上的山，地上的河流和海水。有一天，一群神牛看见了滇池。

“呀，好大一个水塘，好嫩的一片水草！”它们惊叫着，商量着，用现在的话说，它们要来人间旅游了。

哦，一朵朵云彩飘下来，飘下来，落到滇池边，就变成了神牛。

“呀，天庭也没有这般美妙，天庭也没有这般肥美的水草！”它们乐了，在草滩上追逐奔跑，在滇池里玩水洗澡，逗得月亮笑圆了脸庞，逗得星星笑眯了眼睛。

可是神牛们只能夜里来玩，而且不能玩得太久，太阳出来以前，它们还得回到天上。这多么扫兴呀。

终于有这么一天，几头小牛正玩得起劲，妈妈又喊要回天上去了。牛娃们哪里肯依：“不嘛，妈妈，让我们再玩一会儿，就一会儿！”

妈妈看着发白的天边，叹了口气说：“好吧！”

谁知大家都忘记了时间，也忘记了天规。突然红光一闪，太阳出来了！被太阳金箭射中的神牛，立即变成了石头……有的在水里只露出乌青的背，有的在水里昂着头，有的低头吃着嫩草，有的躺在草滩上反刍着温柔。那几头撒娇的小牛，正在做一个有趣的游戏，花肚皮那条，滑稽地跌了一跤……

这就是我们的村庄，神牛贪恋的地方！

来吧，到我们村里来做客吧，我们给你讲一个故事，然后我们一起去看那些神牛变的石头。

啊，骑在石头神牛上，我们看五百里滇池倒映云影天光，看睡美人在滇池里漂洗她的长发，看帆影追逐海鸥的飞翔。啊，我们讲一个神牛的故事，浸透果园和稻花的清香，浸透炊烟升起的宁静，浸透滇池蓝莹莹的波光……

抢春水

春天来了，山尖尖的冰雪融化了。

漂载着野花，漂载着山草和林苔的清香，漂载着喜悦和云彩的影子，泉水在山箐里响起来了！

这是春水在响，这是一年一度的春水在山箐里响，在山箐里唱！

哦，就在立春那天清晨，我们到村后的山箐里去“抢春水”[①]，去抢那融化了高山的阳光，融化了绿色的风，融化了鹰的飞翔和小鸟的歌唱，从密密的树蓬里流出来的春水了！

和山村一样古老的风俗哇。

春水抢回来，煨香茶，煨蜂蜜米花茶，老人喝一盅，孩子们也喝一盅，大家都喝一盅。再用春水给婴儿洗澡，给老人熬药……春水啊，新鲜的、甘甜的、圣洁的水！

据说，抢到春水，这一年就会勤勤快快，招人喜欢；据说，喝了春水，这一年就会平平安安，万事如意。

---

①“抢春水”是云南一些白族地区的风俗。

难怪要“抢”春水呀。

鸡叫头遍，阿妈就把我和哥哥喊醒。提上水罐，提上一篮子青松毛，还提上一串鞭炮，我和哥哥去抢春水了。

山村还没有醒来。星星们累了，稀疏了，连挂在老槐树枝丫上的那几颗，也要滑落了。早晨的清冷，使我打了个寒战。村后的山林神秘的黑、幽幽的星光给它镀了一层清亮。一只鸟儿叫了，在很远的地方，似乎有很多脚步声……

突然，山箐里响起了鞭炮声，噼啪、噼啪，脆响！

“抢到春水了！”“抢到春水了！”叫喊声，笑声，说话声，热闹了寂静的山箐。

啊！居然还有比我们早的！我和哥哥跑了起来。

原来是喜翠、阿兴、得旺他们！

伙伴们嬉笑了，我和哥哥赶紧舀春水，赶紧点燃鞭炮，赶紧大声叫喊：“抢到春水了！抢到春水了！”

啊！水罐里装满了春水，装满了笑声和叫喊声，还装满了第一抹晨光和朝霞。一路撒着绿油油的青松毛，撒着春天湿润的芬芳，我们走出山箐，把春水抢回家了……

闹春牛

点苍山的冰雪还没有融化，春天就来了。

啊，当小草染绿田埂，当杜鹃花开满山坡，当柳絮缀满枝条，当洁白的梨花飘香、粉红的桃花如霞，这时候，村里的“闹春牛”①就开始了！

唢呐吹起来了，“嘀嗒，嘀嘀嗒”，热闹得像娶新媳妇。人们给牛戴上了红花，披上了红绸。牛，今天成为人们尊敬的英雄！人们牵着牛，喜气洋洋地走田埂，串田坝。这是说，一年的农活就要开始了；这是说，劳动是愉快的事、美好的事！

看呀，阿宝骑着大黄牛来了；阿旺骑着大水牛来了；阿花骑着大黑牛来了……无数头春牛走上了田埂，走进了田坝。春阳照耀，春泥透香，谁家的春牛立起尾巴，扬蹄撒欢，在田埂上跑起来了。牛背上的娃娃，握着细细的杨柳枝，只顾笑哟叫哟，也不怕从牛背上摔下来。阿春爷吹着唢呐，阿鸠叔弹着三弦。有人对起调子来了：

---

①“闹春牛”为云南一些白族地区的农事活动之一，每年农历正月十五过后举行。

“阿哥好比春牛壮哟……”

“阿妹是朵红山茶……”

“突突突，突突突……”村口的大道上，冒出一队彩旗耀眼的“铁牛”，收录机很响地播放着《在希望的田野上》。哟，那打头阵的，不就是农机站的阿兴哥吗？他扬着手大声呼喊：“我们来了，我们来‘闹春牛’了！”

秋千会

一过年，村里就要举行秋千会[①]了！

村头繁茂的大青树下，六根新鲜的松木，搭成高高的千架。松木采自点苍山。它青青的松枝上，曾经落过洁白的雪花，也停留过快乐的小鸟；它挺拔的树干旁，曾经有嫩绿的小草生长，也有艳红的山茶花开放。用它搭千架，又结实，又稳当……哟，在很远就能嗅到它松脂的清香。

碧青的龙竹划成篾皮，细细的篾皮扭成粗粗的千绳。啊咿——大伙抬来了一个多么神气的稻草人！红辣椒的鼻子，螺蛳壳的眼睛，大大的嘴巴，笑掉了门牙……由稻草人“试千”，古老的风俗流传至今。你推过来，“平安无事”；我推过去，“吉祥如意”。

爆竹响起来了，唢呐吹起来了，阿山爷爷——村里年岁最高的老人来“开千”了！不用人扶，阿山爷爷就上了千绳。爆竹脆响，唢呐欢鸣。斟满酒的青花瓷碗举起来了：祝阿山爷爷健康长寿，祝村里的老人们健康长寿！

---

①“秋千会”是云南白族民间节日之一。

“喝！”“喝！”大人们喝酒，娃娃们喝蜂蜜水。多甜的蜂蜜水呀，喝得太猛，娃娃们呛得直打喷嚏。

啊，啊，“抢千”开始了！“打一回秋千，平安一年。”大家都来抢秋千，大家都来抢“平安”。你抢过去，我夺过来；大呼小叫，又笑又闹。千绳在悠荡，悠荡，到你手里，到我手里，到他手里！抢跑了冬天，抢来了春天。抢一片暖烘烘的阳光，在你脸上笑，在我脸上笑，在他脸上笑……啊，伙伴们推呀推，推我上了千绳！悠一悠，荡一荡，忽地飞上天，呼哟钻入地。飞上天，和苍山一样高；钻入地，溅起洱海水！啊，啊，你也来悠一悠，你也来荡一荡，我的伙伴阿菊、阿元、阿旺……

哦，你问我为什么喜欢过年？过年了，村里就要举行秋千会了！

满月儿

由姐姐背着，满月儿[①]出门了。满月了，去认认亲戚，认认家乡的山、家乡的花、家乡的天；去认认家乡的飞鸟、家乡的流水……

来，阿妈再亲亲："去吧，是鸟总要飞，是小马儿总要跑！"

来，阿奶再想想："去吧，平安无事，长命百岁！"

哟，好新鲜，好香啊！那金黄一片的，是油菜花，花心里停着的是蜜蜂，花间飞着的是蝴蝶。那蓝色的是龙胆花，红色的是杜鹃花。你看，天多蓝，多高；云多白，多亮。那飞的是鸟，游的是鱼，吃草的是牛、是马，它们都是我们的朋友。你看苍山上绕着云雾，你看洱海上漂着帆船。你听，唢呐声，是有人家盖房子，或是有人家讨媳妇了。你长大也要盖房子，你长大也要讨媳妇。在你起房建屋的时候，要放一串爆竹，要在火塘边请乡邻们喝酒。你讨媳

① 满月儿出门的习俗，见于一些白族地区。孩子（不论男女）满月那天，由姐姐背着去走亲戚（没有姐姐的，则请一位与满月儿同辈的小姑娘来背）。

妇那天，要在大门旁竖起染成红色的竹篾火把；你要欢迎伙伴们来闹房，你一定不要忘了请看热闹的娃娃们吃核桃糖……哦，如果你要过一座很窄的桥，你要停下来，让对面的人先过，就像今天这样。你看哪，先过来的阿婶拉起你的小手，在为你祝福呢！

好，让姐姐撑起伞来，快些儿走，外婆已经等得心焦了。舅舅家给你准备了礼物，姨妈家给你准备了礼物，还有表哥们、表姐们，他们都在等着抱你、亲你……

由姐姐背着，满月儿出门了。太阳给他温暖，亲人们给他祝福给他爱，家乡给他一切。

杨梅会

六月，请到我们景颇山来吧！

下了一场雨，又下了一场雨。六月，我们景颇山的麻栋树长高了，我们景颇山的杨梅成熟了。

这时候，我们结伴上山去吧，跨过哗哗流淌的溪涧，我们到雨后的山林里去吧，我们上景颇山采摘杨梅去吧！

糯乐多鸟，别怕，别乱飞；小猴子和小松鼠，你们也别惊慌，别乱跑。我们不会捕捉你们，也不会伤害你们。我们说着，笑着，吵闹着，是因为我们来采摘杨梅，来采摘又酸又甜的杨梅了！

吸一口绿色的空气，摘一朵枝叶上的阳光。啊，透熟的杨梅，你们是红色的小花朵、红色的小星星吗？水灵灵的，你们是溶化了的阳光吗？

我们采摘了多少杨梅，采摘了多少小花朵、小星星，也采摘了多少朵雨后的阳光啊！

竹篮满了，筒帕也满了！

来吧，在飞着蝴蝶和蜜蜂的花地上，我们来开一个“杨梅会”[1]。

啊，林中的小鸟，你们也来吧！小猴子和小松鼠，你们也来吧！

来和我们一块儿唱歌，一块儿跳舞，一块儿品尝景颇山的杨梅，品尝景颇山六月的芬芳！

啊，我们还要请亲人们一同品尝。现在，我们——

给边防军叔叔送去，

给学校的老师送去，

给探矿的阿叔送去，

也给村寨里的老人、长辈和娃娃们，送去我们刚刚采摘来的杨梅……

送完了杨梅，我们用竹篮和筒帕，装回了亲人们对家乡的赞美，对景颇山的赞美。我们心里，像溶化了一颗透熟的杨梅，甜津津的了……

啊，六月，请到我们景颇山来吧！六月，景颇山的杨梅熟了，我们要开杨梅会了！

---

① “杨梅会”是云南景颇族少年儿童夏天的集体采摘活动。

彩蛋节

在清亮的小河畔，在绿绒毯般的河滩，我们过“彩蛋节”[①]。

小草用嫩绿的叶片，野花用鲜艳的花瓣，我们用五色彩蛋，迎接春天。

砍来宽大的芭蕉叶，铺在草地上，打开阿爸编织的小篾篼，取出煮熟的、阿妈亲手着色的彩蛋。黄的、红的、绿的、紫的、白的，五色彩蛋组成的花朵，开放在碧绿的芭蕉叶上。

来吧！汉族小朋友，哈尼族小朋友，彝族小朋友，来和我们傣家娃娃一起过彩蛋节，来和我们傣家娃娃一起迎接春天。

来吧！过往的客人，北京来的植物学家爷爷，昆明来的地质队员叔叔，上海来的演员阿姨……来和我们傣家娃娃一起过彩蛋节，来和我们傣家娃娃一起迎接春天。

过了彩蛋节，春天会更多彩，会更美丽；过了彩蛋节，我们会长得更快，我们会更懂事。

---

① “彩蛋节”为云南绿春县傣族儿童传统的迎春节日，每年农历二月初十举行。

吃吧，把彩蛋剥开，我们野餐吧！

请尝尝我的，我也吃点儿你的。

撒一点儿在河里吧，让鱼儿也过彩蛋节；撒一点儿在河滩吧，让鸟儿也过彩蛋节。

留下最珍贵的蛋黄，那是金子般的心哪！让我们捧回去，献给长辈，献给老师，感谢他们的恩情，感谢他们的教诲。

唱吧，像金翅鸟一样，把迎接春天的歌声传遍四方！

跳吧，像孔雀开屏在绿色的草地，我们迎接美丽的春天来到我们家乡……

高黎贡山的声音

题记：高黎贡山，这座北起西藏高原，延绵而来，长达六百千米的大山，被誉为“冰雪长城”，耸立在云南怒江西部的中缅边界。它是那样的雄伟，那样的壮美！当河谷里蝉声一片，木棉树开满艳红的花朵，它的山顶仍然白雪皑皑。这里是生物多样性的博物馆，是国家级自然保护区和联合国教科文组织批准的世界生物圈保护区。在这组散文诗里，但愿你从花朵们、从小熊猫们的歌唱中，听到高黎贡山的声音。

一品红

我是普通的花，红艳，花期很长。我在这里开放，我陪伴这位女人，还有她的小女儿，还有她的猪，她的鸡和狗。你已经知道，她是守桥人，她守着的这座古老的铁索桥，名叫双虹桥。政府每年给她五百块钱。她守着桥。雷电袭击怒江的夜晚，铁索在暴雨中抖闪，高黎贡山和碧罗落雪山的巨石，滚落江中。她顶着蓑衣，任风雨吹打，我花瓣上的雨水飞落在她的脸上。我们总在一起晒太阳。她大概忘记了那些夜里的风雨和惊惧。你看她嗑着葵花子，小女儿脸红红的，在吃橘子，一位赶马人给的。她知道桥上有好些木板朽坏了，她担心马匹，还有喝醉酒的赶马人会摔到江里。她男人前几年死在江边，她哭喊着扑过去，跌掉一颗牙齿。她的泪和着满嘴的血，流到江水里。去年，她儿子读初中了，她不能眼巴巴等着政府的五百块钱。她种地，种甘蔗、苦荞、向日葵和洋芋，还有果树。连我——一棵普通的一品红，也是她栽种的。她是文山人，她来这里十五年了，守桥是这两三年的事。有时候，我看见她看着江水发呆。我不知道她在想什么，也不知道怎样安慰她。

我是普通的花，红艳，花期很长。

珍珠伞

你没有看见我的花朵，也没有听见我花的声音。那不要紧，你看见了我，看见了我的果实，对我来说，这就够了。当你喊我的时候，你知道我有多高兴！我的长长的叶片晃动着，我用我果实的眼睛，也就是你们说的“珍珠”，看着你。哦，不知道是谁给我取了这么好听的名字，是怀着怎样的情意，把这个名字给了我呀。“珍珠伞，珍珠伞”，我听着你这样叫我，我感到有一种亲切美好的感情流遍我的全身。是的，我是一把伞，一把珍珠伞。我为我旁边的小草，还有静静地开放的小花遮风挡雨。而为我遮风挡雨的，是我身旁的这些大树爷爷。我们在一起生活。我们互相竞争，我们也互相关爱，互相提携。我们用智慧生长。

记住，你沿着“麦克阿瑟小道”走来，我就站在保护区 107 号柱石旁等你。这条小道，是美国麦克阿瑟家族基金会援助修筑的。从这里，也就是以我为界，你就进入保护区了。啊，我可是高黎贡山的一朵小小的保护伞哟！朝前走吧，去认识更多的植物、动物，你会得到许多幸福。

巨松鼠

我喜欢这片树林，高黎贡山的这片树林。这里树很多，很密。人们这样叫它们：楠木、香樟、铁杉、红椿、鹅掌楸、木莲、红豆杉、大树杜鹃……它们不是一起发叶，也不是一起开花。它们的花好看，叶子也好看。那些嫩芽、嫩叶呀，有的黄绿，有的粉绿，有的绛紫，有的橙红……那么嫩，那么害羞地喜悦，用它们的新鲜，呼吸新鲜的阳光。我爱吃的果子就多了，甜的，酸的，酸甜酸甜的，还有香脆的……噫，太好吃了！

这天，我在核桃树上，享用熟透了的核桃，来了一群人。大概是中学生。他们戴着小黄帽，走进了林中小道。他们叽叽喳喳，东张西望。大森林的神秘，让他们兴奋，也有点害怕吧。这是肯定的。我在高大的核桃树上，看着他们，欣赏他们。突然响起一片惊叫：“黑豹！猴子！”这倒吓我一跳。树枝猛烈地扇着翅膀，缤纷落叶一片哗响。我从这棵树跳到那棵树，惊慌而逃。不过很快我就发现，他们错了，我也错了。他们把我当成了黑豹和猴子。真是的！

我有点儿生气。“吱吱……”我竖起蓬松的大尾巴说道，“你们叫错了我的名字，我很不高兴，很不高兴！”我看见一个大人举着望远镜说：“你们吓着它了，它叫巨松鼠。”

我听到一阵兴奋的叫喊：“巨松鼠，巨松鼠……”我有点儿后悔，我不该对他们生那么大的气。不过，我没有出来。我在繁枝密叶间偷看他们。啊，小黄帽，下次见到我的时候，你们还会叫错我的名字吗？

冬樱花

我们叫冬樱花，我们在冬天开放。好多昆明人只知道圆通山的樱花，其实我们的花光，已经染红了昆明的许多街巷。还记得费翔唱的《冬天里的一把火》吗？那就是我们哪，冬樱花。我们燃烧自己。我们释放热情，给细嫩的小草以鼓励，向伟岸的大树致敬。我们没有明亮又闪烁的大眼睛，我们也不是天上最亮的那颗星星。我们只是给幽暗的山箐一抹亮光，给冬天的山林多一点儿色彩和热闹。最后，我们的花瓣将随风而逝，和所有的落叶在一起。

此刻，我们从一条歌唱的溪水里，看到了我们的影子。嫩红的，娇艳的，是我们自己吗？我们有点儿顾影自怜了。远远地，我们看见溪水旁边的温泉，氤氲水汽，朦胧了泡澡男女的笑声。这高黎贡山真是有趣，融化的冰雪流淌成歌唱的溪水，溪水旁的温泉冒着滚烫的水泡。溪水里，我们洒下我们嫩红与娇艳的花瓣，洒下祝福。我们嫩红与娇艳的花瓣，随着溪水，在温泉的水泡里旋转。“冬樱花！”我们听到了人们的叫喊，我们摇落一树花瓣……

懒猴

人们给我取了好几个名字：蜂猴、风猴、懒猴。前两个名字，音同，据说“蜂”和“风”字不同，意思也不一样，我搞不懂。许多人叫我“懒猴”。我懒吗？懒是什么意思？不活跃，不好动？我说你们，看事情怎么只看表面呢？我不大好动，这是真的。我的习惯是白天睡觉，不可以吗？在树洞里，或者我就抱着树枝，任凭树枝摇晃。别担心我会摔下来。不，这样的事从未发生过，我舒服着呢。当然，这都多亏我有短粗的一样长的四肢，特别是第二个脚趾的钩爪，像什么来着？像你们说的“锚”，让我稳稳当当的“诗意地栖息”在树上，在“林海”里。我短小的尾巴很懂事地隐匿在毛丛中，从不碍手碍脚。我的耳朵也很小，干脆用毛乎乎的脑袋来隐藏，烦躁的声音我懒得听。我是树上的一个毛茸茸的果子。我做着我的白日梦。就因为这样，就叫我“懒猴”吗？随便吧，我懒得去想。

其实我懒吗？我不觉得。就算是懒一点儿吧，有什么不好？都那么忙忙碌碌的，那么急，干吗呢？我喜欢在夜里活动。我有一双又大又圆的眼睛。我捕食昆虫时，出手之快，高黎贡山知道，很难有谁可以和我争雄。我更知道哪棵树上结着我爱吃的果子。我坐在树丫上，慢慢享用那成熟的美味。当有些猴子去“捞月亮”的时候，有谁知道，我正与山中明月“对饮成三人”呢！又有谁知道，“何夜无月？何处无竹柏？但少闲人如吾两人者耳。”

啊，就叫我懒猴吧，我不生气。

青苔

我们有丰富的绿色。粉绿、灰绿、水绿、墨绿、金绿、艳绿、苍绿、嫩绿、翠绿、碧绿、浅绿、浓绿……你所想象的绿色，在这条古道上，我们都给你提供。我们用绿色装饰了这条古道，装饰它遥远的梦。这条古道被称为“南方丝绸之路”，它的历史，和它本身的路途一样悠长。它用马帮的铃声，用赶马人的山歌和传奇铺成。你只走了一小段，一小段。我听到你的心跳，听到你的喘息了。我们很高兴，你说“青苔”。你蹲下来，是那样惊喜地看着我们。我们也睁大了眼睛，在马蹄窝里，在树干、树桩和裸露的树根上，在土埂、石缝和古藤上，满是我们绿茸茸的温柔。是的，我们只是低等植物，这并不是说我们不重要。据说对我们的研究，至今还不透彻。这倒要给科学家提个醒，研究高黎贡山，可别忘了我们。啊，一点儿尘埃，一点儿湿润，就有我们——绿色的青苔。

小熊猫

我们不是大熊猫的弟弟，不是。我们小熊猫和大熊猫的区别，不在于“大”和“小”。我们不是同一个家族[1]。

① 大熊猫属大熊猫科，小熊猫属浣熊科。

我们是那样的不同。大熊猫的外套，不就是黑白两色吗？这种朴素当然也是一种美。不过，我还是喜欢我们更为华丽的衣装。一身蓬松的红褐毛色，背部细致地渐变为颇有质感的红棕色，配上棕黑色的裤腿，别提多有风度了！我们的骄傲，还有这条独一无二的长尾巴，棕色与白色相间的九节环纹，把它装饰得举世无双。是的，我们的“时装步”，那才叫漂亮！“回头率”吗？绝对有无数惊羡的目光。

我们文静。我们喜欢泉水。融化了冰雪，融化了草树和竹叶的清香，融化了鸟儿们的歌唱，高黎贡山的泉水，是那么冰凉，那么甜爽！在吃了许多嫩嫩的竹叶后，我们喝着泉水，有节制地品尝。轻轻地抄起一把，洗洗我们好看的脸和明亮的双眼。当我们从漂着草叶和花瓣的泉水里，看到我们的影子，一种无言的感激，在我们心里弥漫成对高黎贡山的神圣……

有时候，我们在山崖上晒太阳。我们枕着我们的长尾巴。高黎贡山的雪峰，向蓝天闪着炫目的银光。鹰的飞翔，把黑色的象形字写在雪山上。风声飒飒。闭着眼睛，我们也能感到竹叶的摇晃。高黎贡山的竹子呀！我想，我们和大熊猫，也许曾经是远亲吧？我们不都喜欢吃竹子吗？啊，来吧大熊猫，到高黎贡山来吧！这里有许多竹子，许多你们没有吃过的竹子。我们欢迎你们来，高黎贡山欢迎你们来。别管你我属什么“科”，我一定会叫你声“哥哥”！

河 滩

小河在这儿拐个弯。它放慢脚步，轻轻地，轻轻地走，一年一年，这儿淤下一片河滩，一片绿绿的、被嫩草覆盖了的河滩。

牵来枣红马，我让它在河滩上吃多汁的青草。太阳是那样灿烂。挥舞着小领褂，紧紧地，我追赶一只红肚子蜻蜓……

最有趣的是仰面躺在柔软的草地上，随手扯一根草茎，放在嘴里嚼着，嚼着。天是那样蓝，那样亮；云是那样白，那样轻！叫天子（云雀）像抛在空中的一块石头，忽闪忽闪的，却不掉下来。它放声歌唱，欢乐的歌声从天而降。翻一个身，用手拄着下巴，我看着一朵蓬松的云，漫过村后的山包，慢慢地又从树顶上升起。树枝拉住它，把它扯成一片一片的……

这时，一匹白马飞跑过来了，穿水红衣服的小姑娘，骑在白马上。那是小芳，敢骑着马奔跑的小芳。

两匹马打着响鼻互相招呼。它们在一起吃草，吃很多带甜味的熟地草，吃很多野小米草。

我和小芳坐在草地上，前面是一湾流得非常非常平静的河水。我们合看一本画书，把每一幅图画都印在心里。把画书小心地收好，我们又在一起玩“斗草”：挤出草汁来相碰，看谁把谁的草汁吸过去。我输得最多，在眼皮上粘了好多好多锁眼草，真气人。我不玩了，我要到河边去做一支漂亮的柳哨。

吹着柳哨回来，我向小芳夸耀我的柳哨做得多么好！小芳急忙站起来，头上戴一顶野花编织的花冠！“怎么样？”小芳头一偏，咯咯咯地笑个不停。这疯姑娘！

美丽的夏天的傍晚，可爱的河滩是我们的乐园。暑热已经下去。草吐着香气，泥土吐着香气，从河面上也飘来潮湿的水的香气。翻跟头，打滚，跳“小黄牛”，玩老鹰叼小鸡……要怎么玩就怎么玩，我们是那样快活！

谁也不知道天是怎么黑下来的。“看，星星！”小芳叫起来的时候，我抬起了头，看见许多星星。天是黑的，要看好一会儿，才看得出它的蓝色，蓝得要滴下水来。哟，一闪一闪的星星，莫不就是要滴下来的水滴？我非常地惊奇。“真呆！”小芳碰了我一下，“你看河里——”哦，满河的星星！满河的星星，那么亮，那么美丽！争着，推挤着，我们都想数清河里的星星。“咚——”调皮的小芳扔了块石头，击碎了满河的星星。追着一串笑声，我们离开了河滩……

两只小熊

阿爹是位受人尊敬的护林员。他穿一身我们布朗族朴素的衣装：青色的无领对襟短上衣，黑色的阔裆肥管长裤，走起路来，唰唰唰甩着一阵风。

阿爹当过猎人。后来，阿爹不打猎了，他还要看管好眼前这片热带雨林，不准偷猎，也不准滥砍滥伐。

一到星期天，阿爹喊一声“扎温！”，我就当上阿爹的队员，跟着阿爹去巡山护林。嘿，有一次我和阿爹还救了两只小熊呢！

那是去年，我上四年级不久。当时，我和阿爹正在观察哨吃晌午饭。你说这观察哨在什么地方？就搭建在两棵望天树之间，从下面看上去，观察哨就像一只大鸟窝。我和阿爹简直是坐在森林的顶上！阿爹说，有一次，他看见一群大象从下面走过，树冠摇成波浪一样。我正想问阿爹我们会不会遇到大象，猎狗巴黑突然汪汪汪大叫起来。我抓起望远镜四处搜索，除了发现几只猴子，什么也没看见。阿爹把望远镜拿过去，说：“不好，梭罗江上有两只小熊！”“哈，小熊？让我看看。”从望远镜里，我也看见两只小熊了，它们紧紧抱住一根树筒子，在江水里一起一落……

救小熊的过程就不说了，何况这是谁都会做的事。我和阿爹把小熊带回家来了。

同学们都来看小熊，岩扎英、拉诺还拿了些香蕉、蜂蜜来给小熊吃。可是小熊胆子小得很，躲在竹楼下的角落里，缩成一小团。大概实在饿不住了，它们才开始吃甜稀饭，吃得一脸都糊满稀饭。过了几天，小哥儿俩就不怕生了。我给它们取了名字：哥哥叫努卡，弟弟叫努尔。“记住，你叫努卡。”我对个头大点的哥哥说，又对个头小点的弟弟说，“你叫努尔，以后我要点名，还要教你们认字、数数。”

没想到小熊会那样聪明！没多久，它们居然记住了自己的名字。不过，我没有教会它们认字和数数，我们在一起疯玩。“努卡，过来！”努卡听话地跑过来，“坐下！”努卡用小鼻子嗅着嗅着，咚的一屁股坐在地上。努尔也想坐下去，“不，努尔，”我说，“你站在努卡旁边，我们玩照相。”努尔就规规矩矩站着，一只手还搭在努卡肩上。“注意啦，好，笑一笑——”我用手比着，咔嚓咔嚓两下，大功告成。我和小哥儿俩就大翻跟斗，在院子里滚作一团。

努卡努尔的最佳表现，是几乎认得我所有的同学，对我们李老师，更是像小学生一样有礼貌。它们一到学校里，你听那一片叫声——“努卡！”“努尔！”同学们又是递皮球，又是拿果子，有的干脆让它们背上书包当小学生。努卡努尔忙得团团转，玩皮球，玩跷跷板，玩梭坡坡，还和同学摔跤！小哥儿俩有一身蛮力，又是摔跤能手，有一次努卡把最会摔跤的嘎崩都摔倒了！小熊长大了，我们竟然没有想过小熊会长大！

小熊长大了，麻烦事也来了。我家院子的竹篱笆，哪里还管得住它们！努卡一个跨栏动作就跳过去了，努尔两手一拉扒开一个洞，刺溜一下钻得很麻利。满寨子的鸡一见它俩就逃命。它俩合伙咬死了岩扎英家的小猪，回来的时候，满嘴红红的。阿爹说："不行，得把它们送回大森林了。"

那天我一进家就喊努卡努尔，一点声音也没有。阿妈说是阿爹把它们带走了。看看它们的窝，看看它们和我玩耍的院子空空的了，我喊着努卡努尔哭了起来。很晚很晚了，阿爹才回到家。阿爹的脸色很难看。我从来没有见他这样疲乏过。喝了一阵闷酒，阿爹就去睡了。他肯定也舍不得送走小熊。

大约过了七八天。一天夜里，我还在做作业，突然听到一阵嗷呼嗷呼的叫声，我咚地跳起来跑下竹楼，两团黑影跳进院子，是努卡努尔！它们抱着我，潮湿的嘴直往我身上拱，热哈哈的带刺的舌头舔得我的脸和手生疼。只几天时间，它们就瘦了，毛硬得扎手。

努卡努尔只在家里住了两天，自然保护区的人就来了。这次它们是坐汽车走的。一年了，我都上五年级了，小哥儿俩还没有回来过。可能它们在自然保护区很好玩，也可能路太远太远，它们找不着回来的路了。我一直想，我要真的有台照相机，把努卡努尔小哥儿俩照下来该多好！

长街宴

十月，红河两岸的哀牢山上，庄稼已经收进田棚，哈尼山寨里，家家户户都在舂糯米粑粑，都在烤酿“焖锅酒”。弥漫着酒香和糯米粑粑香味的山寨，要过“扎勒特”，要摆“长街宴”了！

我们哈尼族习惯把农历十月，当作新旧交替的年末岁首，“扎勒特”的意思就是过“十月年”。在过年节的日子里，家家都要做许多好吃的东西，然后一家挨一家的，把这些好吃的东西，一长串地在寨子里摆成“长街宴”，想吃哪家的就吃哪家的，周围的寨子之间还要轮流做客，喝酒联欢，热闹得把一个寨子都抬了起来！

今年的十月年，姐姐比我还急呢！紫米啦、糯米啦、香菌啦、木耳啦、干笋丝啦……姐姐一样一样挑拣好了。连鲁沙梨，姐姐都用新鲜稻草一个一个包起来，藏在阴凉地方，生怕我偷吃。我说：“姐姐，这么多的梨都要留给那个阿哥吃呀？”姐姐羞红了脸，一边骂我“小馋屁股”，一边把梨塞给我。我哈哈哈跑开了。

“那个阿哥”是农科站的，我叫他阿迪哥。去年阿迪哥来我们寨子推广良种稻，姐姐就和他好起来。阿迪哥老给姐姐写信。一收到阿迪哥的信，姐姐的脸就红，那天的饭桌上也就一定有好菜。过年节的时候，阿迪哥肯定要来，姐姐还能不做许多好吃的菜吗？你看，姐姐又来约我去挖山韭菜。我说山韭菜多得吃都吃不完了，姐姐也不说话，眼睛一眨一眨地笑着，咚咚咚就走。

一出寨子就是梯田，就是被称为“天梯”的哈尼梯田！姐姐真是怪，也不找山韭菜，带着我一个劲地爬“天梯”，上山顶。连淡蓝淡紫的云雾也跟着爬上山来，它们轻轻拂过一层一层的梯田，带来野芭蕉和水田的气味。云雾包不住点水雀的叫声，这叫声，圆润得像芭蕉叶上滴落的水珠。云雾越来越浓，一团一团的，不一会儿就堆积成无边无际的云海，被不知躲在哪里的太阳，染得金红金红的。我和姐姐坐在云端上，絮絮缕缕的云雾从身边飘过，一湾一湾的梯田，从云雾里露出来，露出来，像天上的月亮从云雾里露出来。“月亮田”里，有人在走动，在修整田埂。远远的，那个穿红色运动服的，不就是阿迪哥吗？“阿迪哥！阿迪哥！”在我大喊大叫的时候，姐姐飞一样跑了过去！姐姐是来等阿迪哥呀，还说挖山韭菜，好害羞的姐姐哟！

阿迪哥来了，“十月年”也到了，“长街宴”在寨子中间摆成了一条长龙！寨门口扎的龙竹牌坊上，用谷穗、金橘、杧果和石榴，编织出丰收的图案。小伙子们吹响巴乌和竹笛，敲着牛皮鼓和铓锣，姑娘们跳起了吉祥的白鹇舞、扇子舞。年长的阿波（爷爷），手举一碗焖锅酒，唱起古老的巴哈（酒歌）：

喝哟——喝！
远方来的客人，
隔山隔水不隔心，
我们都是一家人。
莫要嫌弃酒不香，
酒杯不要停……

随着阿波开宴酒的歌声，大人娃娃哗地拥上前去“抢”客人。乱哄哄中，我好不容易“抢”到一个照相的阿达（叔叔）。可这位阿达，只忙照相，不忙喝酒。今年，好像家家的年菜都做得比往年丰盛。鸡鸭鱼肉不说了，单是那些碟里盘里的菜肴，照下来准定好看得很。红的鲜红，白的粉白，黄的嫩黄，绿的翠绿，还有紫的、灰的，还有好多颜色杂花在一起的……人们吃着，喝着，说着，笑着，唱着，多么好玩的年节啊！

这时，一伙小捣蛋嘻嘻哈哈叫着“绊马索，绊马索，拴着两只马脚，扯也扯不脱……”从人群里冲出来。只听见嘣的一声爆竹响，有两个人已经跌作一堆，笑作一团。我跑上去想看看是哪两个的“马脚”被拴住了，才一伸头，就哈哈哈笑得我肚子疼——被拴住的，正是姐姐和阿迪哥！

咔嚓咔嚓，阿达把“长街宴”的笑声装进了照相机……

我和乌丽娜

乌丽娜是我的同学，也是我的同桌。她是个德国小姑娘。

乌丽娜是和爸爸妈妈一块儿来丽江的。她的爸爸妈妈都是研究“东巴文化”的学者。乌丽娜很小的时候，爸爸妈妈就请人教她说汉语，认汉字，就是为了有一天带她到丽江来。

你说怪不怪，全世界的女孩都喜欢逛街。乌丽娜也是，而且在丽江只喜欢逛古城。

丽江古城有一千多年的历史了。古城依山建房，高高低低，错错落落的。就连最热闹的四方街，也只有巴掌大点。方方的一个场院，据说是照着“知府大印”的形状建成的。“这不就是一个大大的‘象形字’吗？”乌丽娜一边叫，一边拉着我往四方街跑……

乌丽娜还想出一个怪招，“和小琴，”她对我说，“咱们去数一数古城的桥，是不是真的有三百五十四座？”

“哈，你不相信？”

“不，不是的，我们就数数玩玩嘛……”乌丽娜撒起娇来。

“好吧，”我说，“本姑娘就‘舍命陪君子’了！”

都说是水给丽江带来了美丽。水，清亮的水，从玉龙雪山流下来，从黑龙潭冒出来，到了古城呢，分成东、西、中三岔，哗哗哗，汩汩汩，穿行在街街巷巷，倒映着白墙、灰瓦，倒映着绛红或者暗黄的雕花格子门窗和门枋上的大红对联，倒映着在水边浣洗衣物的鲜艳的纳西姑娘……乌丽娜穿一身纳西姑娘的衣装，映照着流水，特别好看。

古城的桥有大有小，有木板桥、石板桥，有木拱桥、石拱桥，有单孔的、双孔的，也有多孔的。桥栏上的雕刻，有东巴象形文的吉祥语，有东巴神舞，还有各种鸟兽花木。乌丽娜看一座，赞美一座，在小本子上记下一座。有时候我们流连在水边，看着绒丝线似的青苔，柔柔地随着水波摇摆；有时候，我们静静地听流水说话，听从水边宅院里传来的纳西古乐。“噫！”乌丽娜叫了起来，碧清的沟水，从一家的墙洞里流进去了！“大母（大妈），”乌丽娜居然说起纳西话来了，“酷里阿肋（可以进来吗）？”一位大妈笑眯眯地迎着我们说：“他（可以）！”庭院里种满了花木，一只大公鸡高傲地啼叫起来，几只母鸡带着一窝小鸡，在花木下安详地觅食。水流在院子里流转，又沿着墙根，从另一个石砌的墙洞流了出去。乌丽娜没有忘记让我为她和大妈合影留念。她抱着大妈亲了一下，说：“谢谢，怒冷丢色（给您添麻烦啦）！”

就这样，我们整整跑了一天，总算把古城的桥数了一遍。傍晚，乌丽娜哎哟哟地叫着说："实在走不动了！"她拉我坐在一眼小石桥上歇脚，吃"丽江粑粑"。我们掏出小本本，对照一看，"呀，怎么只有三百五十三座？"乌丽娜和我大眼瞪小眼，惊诧得差点把粑粑掉在地上。

"哈哈哈……"乌丽娜突然大笑大跳起来，"还有一座就在你屁股下呀！"

我捶了一下小石桥，咬了一大嘴又酥脆又香甜的粑粑。

…………

一年以后，乌丽娜和爸爸妈妈回德国去了。

一天晚上，我一边看着《丽江古城》邮票，一边给乌丽娜写信。

我要把邮票寄给乌丽娜。窗外是月光下的古城。月光在水波上跳跃，在浮游着淡紫淡蓝夜气的石桥上、瓦屋上跳跃。整座古城流溢着月光的香味。乌丽娜，你在做什么呢？你在想我吗？你嗅到丽江古城月光的香味了吗？

赛马三月街

白族喜欢过节。在所有的节日中，最盛大、最热闹的，当然就数三月街了。三月街已经定为大理白族自治州的“民族节”，每年农历三月十五至二十一日，人们赶街过节，就像电影《五朵金花》里唱的：“一年一回三月街，四面八方有人来，苍山洱海齐欢笑，赛马唱歌做买卖。”好玩死了！

往年，我和村里的伙伴们，都要约着去赶三月街。我们又是看耍龙，又是看赛马，还玩打得螺，吃豌豆粉、凉米线……最让我激动的是赛马。看过几次赛马，我的心也痒了，央求阿爸把枣红马给我练练，让我报名参加少年组的比赛。起初，阿爸死活不答应。枣红马是他的宝贝。我们大理非常美丽，是旅游胜地。阿爸用马车拉客人，叫作“马的士”，一天要赚好些钱。阿爸买枣红马花的钱也不少，恐怕现在还没有赚够本呢。要叫阿爸停下“马的士”，又何况是三月街，赚钱的黄金季节，阿爸哪能放弃呢？说不动阿爸，我只好搬阿妈来帮忙。这天，阿妈特意给阿爸打了二两酒。吃过晚饭，阿妈编着草编，悠悠地说：“我说他阿爸，赚钱是长久的事，赛马一年只有一回，你就让阿旺试试……”阿爸掏出支烟，我赶忙凑上去给他点火。阿妈又说：“你也不想想，你年轻的时候，哪天不在马背上？”阿爸眯着眼睛，在我看来是很温柔地看了阿妈一眼，大大地吐了个烟朵，说：“那就让他试试。”我叫声“阿爸”，就冲出去给枣红马加草添料去了。

打这天以后，阿爸跑的趟数就少了，他要给枣红马省些气力。阿爸还教了我一些骑马的要诀，比赛里要注意些什么。我呢，更是精心地照料枣红马，偷偷地在它的糠料里拌上鸡蛋，还喂它红糖吃。枣红马油光水滑的了！它在草滩水边吃草，你的手轻轻一触摸，它身上的阳光就颤颤地晃闪起来。

呵，在耸立着宝塔的中和峰下，扎着红绸子的牛角号和过山号吹响了，唢呐吹响了，三月街开市了！耍龙队舞着青龙、黄龙、金龙，上下翻腾，左扑右跳，抢夺龙珠，把地上的阳光掀搅得青一道黄一道，闪闪夺目。我顾不上看这些，牵着枣红马，直奔赛马场。

古老的椭圆形的赛马场，人喊马叫，旗帜飘扬。几匹红马、黑马，是想在赛前热身呢，还是故意在大庭广众中招摇，跑过来，跑过去，渲染着赛场的气氛？沿着跑道，已经插了几圈红红绿绿的小旗子，优胜者除了比马的速度，还比拔了多少旗子。广播里说，成年组最后比赛，先让少年组入场。念到我的名字的时候，我看见阿爸和阿妈都在看台上向我挥手。马队绕场一周，接受人们的欢呼，接受金花姑娘们抛掷的鲜花与叫喊。跃跃欲试的兴奋被煽动起

来了。我拍拍枣红马，意思是说："拜托了！"枣红马晃晃脑袋，用一串铃声告诉我："放心吧！"

黄铜大锣一声炸响，果敢与豪勇的比赛开始了！急风暴雨般的马蹄声呼啸而过，人们疯狂地叫喊、跳跃。骑手们个个都想使出浑身功夫，在观众面前露上一手。有的居然表演起骑马神技来了，忽儿钻到马肚子下面，忽儿倒立在马背上，忽儿双手伸开如雄鹰展翅……简直把奋勇夺冠忘得一干二净。突然，绝对是突然，我的枣红马溜出马队，不跑了！是跑不动了呢，还是不想跑了？不知道这家伙是怎么搞的！我一边呵斥，一边挥鞭直抽马屁股，它只是原地打转，任凭"马屁"拍得再响，它也誓不从命，急得我大汗直淌。最后它老兄干脆掉转马头，朝着马队相反的方向，绕场飞奔起来。这突如其来的举动，使全场轰动，大喝倒彩。枣红马受到前所未有的鼓励，肯定觉得比夹在马队里好玩多了，风光多了，一来劲，跑得更快，几次与马队迎头而过。我一下子猛醒过来，也不含糊，一路拔旗，最后居然抱了一大抱……

看来我的表现完全出乎赛马组者的预料。广播里宣布说："由于'傻马'捣乱，这场比赛不算……"话音未停，人们已经笑倒一片，姑娘们更是弯着腰，捂着肚子叫："笑死了，笑死了……"

阿爸阿妈迎着我过来的时候，我差点哭了。阿爸牵过枣红马，在我肩上拍了一下，眨着眼睛，逗乐地说："不错不错，旗子拔了不少嘛！"

卖茶叶的一天

立包背个小竹箩，手里拎着筒帕，一蹦一跳来到我家竹楼前。

“腊朵！腊朵！”她不停地喊我的名字，“你快点，快点！”

我早就躲在芭蕉丛后面等立包了，看到她着急的样子，赶紧捂住嘴巴，闷着笑。前两天，我和立包说好，星期天我们去曼允卖茶叶。“要得，要得，”立包跳起来，“卖了茶叶，买冰棒吃，我太想吃了！”立包说得我也直咽口水。

在我们德昂族居住的山寨，家家竹楼前后，都有茶树，周围的山坡上也是绿光闪闪的茶园。茶是我们德昂族的伙伴，德昂族离不开茶。小伙子喜欢一个姑娘了，他会趁阿妈不注意，悄悄把一包茶叶放在阿妈的筒帕里。阿妈看见茶叶，就知道要请媒人为儿子提亲了。德昂人家的火塘边，永远煨着一罐茶水。客人来了，沏上新茶，叫“迎客茶”。客人告辞的时候，大家举起茶碗，轻碰碗边，说着告别的话。如果是远方来的尊贵客人，就要喝竹筒茶了。竹筒是现砍的嫩竹。上好的茶叶放进竹筒，灌上山泉水，在炭火上烘

烤到竹皮发黄，茶味飘香，然后客人喝一口，主人喝一口，轮流喝茶，情深意长。要是做了错事，改正了，要在长辈面前喝“回心茶”；吵架的两口子和好了，也要喝“和睦茶”……你看，德昂人就是这样，一天也离不了茶。

德昂人从小就会采茶、制茶。不过，我和立包还没有卖过茶，今天我们是第一次走出寨门去卖茶。

曼允街占了一块平坝。不远处的山坡上，美丽的白塔好像浮闪在蓝天上。大青树和凤尾竹，静静地看着人们做买卖。大朵大朵的太阳伞，被太阳晒成五颜六色。百货摊、土杂摊、草药摊、水果摊、书摊、布摊、鞋子摊，还有许多好吃的摊摊，卖毫甩（一种傣族糯米卷粉，有咸的，也有甜的）、豌豆粉、凉米线，最让我和立包嘴馋的，就是一大块牌子下的冰糕、冰棒了！不同的衣裳，打扮了傣族、景颇族、傈僳族、汉族、德昂族，还有许多外地来的人，大家都挤在街场上。收录机响着，高音喇叭响着，有人吆喝着，狗也跑，猪也叫，热闹得要命。我和立包挤出一身汗，才在西西果树下找到茶叶摊子。

一位傣族大婶给我们让了个空位。我和立包，赶紧拎出白布口袋里的茶叶，放在一小块细篾席上。这些茶，都是我们在多雾的早晨，上茶园采摘的。带着雾露的嫩茶叶，在竹甑里蒸过，再用很小的炭火慢慢焙炒。随着一阵嫩嫩的茶香，它们蜷缩成细长条，青绿中泛着白霜，成了睡着的“茶宝宝”，一直要等开水冲泡，它们才舒展叶片，睁眼醒来。立包用竹筒装茶。竹筒红黄红黄的，雕刻着两只小鹿。我用篾盒装茶。篾盒是阿爹用细细的篾皮编的，好看的花纹图案，被我的手磨出了滑亮的光泽。

我站着，立包蹲着，我们眼巴巴地等人来买茶。太阳很辣，先是晒我左边的脸，又像小虫一样，爬到右边来。大半天了，还没有人买我们的茶叶。后来立包站着，我蹲着；又后来，我站着，立包蹲着。我们不停地换姿势。糯米饭团吃完了，我口很干，看看立包，立包也在舔嘴唇。偏偏有人在我们面前吃冰棒。那冰棒粉红色，有一股草莓味，我们以前吃过，好吃死啦！我别过脸去，草莓味居然找上鼻子来！我忍不住喊了声：“卖茶叶！”立包立即应和：“卖茶叶咯！”

我们一直喊着。

终于有一位阿叔蹲了下来。“我只买茶盒茶筒行吗？”这阿叔一口外地口音。我和立包互相看着，不知怎么回答。“都是好茶叶。”傣族大婶帮我们说话。“好，茶叶也买，要多少钱？”“一盒茶叶是两块钱。茶盒嘛，”我看看阿叔，“茶盒就送给您啦！”立包说她也送茶筒。阿叔说不行，得给钱。推让了一阵，最后我和立包都收了五块钱。

散场的时候，我们赶紧去买冰棒。找遍了，也找不到冰棒的影子，立包哇地哭起来。她跺着脚，狠狠地说：“下场街子，下场街子我们还要来卖茶叶！”这回是我跳起来说：“要得，要得，卖了茶叶买冰棒吃……”

踩新路

我们独龙族没有姓氏，不像汉族人民有百家姓。不过，我们每个人都有自己的名字，而且清清楚楚，不会弄错。为什么呢？独龙族取名字有个讲究。

以我的名字来说吧。

我叫“孔嘎·顶捧顶娜木阿克恰·朋”，长了点。这个名字由地名（有的是族名）“孔嘎”、父名“顶捧顶”、母名“娜木”、爱称“阿克恰”和我本人的名字“朋”组成。如果你熟悉独龙族取名的方式，你就不仅知道我的名字，还知道我是哪个家族的或哪个村子的，父母叫什么名字。要是嫌这样的名字太长，不好记，也可以省去中间父母的名字和爱称，比如叫我“孔嘎·朋”也可以。

是呀，我是孔嘎村的男孩“朋”。我们的村子在独龙江边。你一定听说过独龙江吧，它太美丽了！它的源头在很远的西藏。它的东岸是担当力卡雪山，西岸是高黎贡雪山。它像一条柔蓝色的绸缎，飘荡在两座雪山之间。它从我们村旁流过。它的蓝得发绿的江水，在巨大的江卵石间奔流，溅起的玉白色的浪花，像一捧一捧碰碎的阳光。它唱着，笑着，吵闹着，从我们村旁流过，漂载着树枝、草叶和花瓣，它多美丽哟！

我知道你还没有到过独龙江，没有到过我们的小小的村子。就像我们，也很难走出独龙江一样。一条细细的马帮路，翻过高黎贡山的风雪垭口，连接着独龙江和贡山县城，连接着外面的世界。在这条马帮路上，走五六天，才到贡山县城，往返要半个月。每年的十一月，到第二年的四月，大雪封山，路就断了，没有人到独龙江来，也没有人走得出独龙江。这样的日子不是一天两天，而是半年。在这长长的日子里，只有独龙江陪伴我们。它的水流细了，声音也轻柔了，为了安慰我们而温和了。等到它的声音粗壮了，水流急促了，雪压冰封的马帮路就要通了。这时候，阿爹在火塘边坐不住了。他走出竹木房，手搭额头，看着雪光闪闪的高黎贡山，欢叫一声："阿克恰·朋！"我知道阿爹要我做什么了。"去，"阿爹还在看着高黎贡山，丢给我一句话，"给骡马加草料！"

接下来的一些天里，阿爹把马具、马驮子搬出来擦拭、修理，做着各种准备。阿爹是个"马锅头"（马帮的领头人），打从少年时代起，他就踏上坑坑洼洼的马帮路，马驮子里装满了货物，也装满了他的赶马调。阿爹喜欢这条路，也咒骂这条路。没有这条路，我们独龙人就真的与世隔绝了，恐怕连根针，连块盐巴都难见得到，就不要说别的东西了。可是有多少匹骡马在这条路上累死了，摔死了！有多少赶马人跌断了腰，摔断了腿！阿爹喝了酒，就给我讲这条路的故事，可从来不说要我长大了也当马锅头。

货备齐了。阿爹精心打扮的头骡，头戴红缨，顶一簇火红的牦牛尾巴，脖子上挂一颗金黄的大响铃，花笼套正中镶一面小圆镜，精神极了。阿爹拿出铓锣，就要鸣锣上路了。这时候，有人来说，公路修到乡上孔当了，货驮到孔当，交给汽车就行了。阿爹一听，拎铓锣的手抖动着，拧开葫芦，喝了一大口苞谷酒，“阿克恰·朋！”阿爹喷着酒气说，“跟阿爹去‘踩新路’！”

这是我们独龙族的习俗。一条新路开通了，男女老少都去踩一踩，让新的路带来吉祥、幸福和希望。自古，独龙人走的都是山间小路和马帮路。如今跑汽车的公路修进了独龙江，能不去踩一踩吗？

村里人跟着阿爹的马帮赶到孔当，“踩新路”的仪式已经结束，踩路的人还在一拨一拨地赶来。笑脸、歌声和叫喊，新鞋、新衣裳和独龙毯，映着高山的雪光。人们把花瓣、青松毛，还有从独龙江背来的冰凉的江水，洒在散发着新鲜泥土味的公路上。唱着，笑着，跳着，每个人都在湿漉漉的公路上，踩下自己的脚印，在新鞋子、新衣裳上，在脸上、手上溅满泥浆。我们在新建的汽车站卸了货物。“阿克恰·朋！”阿爹把铓锣递给我，鼓励我，“敲吧，敲响铓锣！”

“哐，哐，哐！”欢快的铓锣声响起来了，阿爹的马帮和着人群，把细碎的蹄印踩进了汽车的轮印里……

老家三题

龙津沟和大石宝

说到“老家”，总叫人感动和想念。它是你的出生地，衣胞之地。你来到世上的那一声啼哭，真的是落地有声。你的哭喊，引来老家的笑声。它欢迎你来到人世间，祝福你的降生。从此，你的血液里，就有了老家的气息和味道。不论你走到哪里，也不论你是青春年少，还是年事已高，这种气息气味都不会消失，都会让你想起“老家”。

我老家在滇东北出“宣威火腿”的地方，一个叫“龙沿”的小村子。

我的童年，是在老家度过的。

这是赤着脚甚至光着身子，在老家的泥巴地上，在河沟水塘，在山林野地里涂抹上永恒记忆的年龄。

只要打开记忆之门，老家的许许多多人和事，就会清晰地浮现在眼前：赤着脚和小伙伴们放牛、拾粪、割草、爬树、捉鸟、打架、砍柴，游泳时差点淹死在大水塘里……在村小开蒙读书，学会写自己的名字；大石宝为我刻图章，我为新媳妇牵马，过年时在戏台上演“花灯”……哦，我们去放牛的时候，还伙着大人打死一条下河喝水的狼。

是的，那时候狼实在太多了。

厩里的猪羊，甚至村里的小娃娃，都常常会被狼叼走。

夜里根本不敢有人出门。

一天晚上，我们在火塘边正挤做一堆，听老人“摆古”，讲些神神怪怪的故事。说是猪胆子小，一闻到到狼的气味就吓蒙了，完全听从狼的指挥，狼坐在猪背脊上，轻轻地咬着猪耳朵，用尾巴拍着猪屁股，猪就乖乖地驮着狼，屁颠屁颠地朝前跑朝前跑……

刚讲到这里，突然有一个人冲进来，又兴奋又慌张地说，他“骇”跑了一条狼！

原来，他去蹲茅厕，正蹲着呢，抬头一看，眼前居然有一双绿莹莹的眼睛死盯着他，一股腥臭的热气喷在脸上，他给吓蒙了，“狼！”他一声大叫，猛地一拎裤子站了起来……这是一条“憨狼”，正在研究这个放着响屁的东西，怎么不怕它，反倒一下子长高了，吓得折头就跑！

这是我听到的最好玩的一件事情。

我们村的对面是龙津沟，两村之间仅一河之隔。

从北向南逶迤而来的乌蒙大山余脉，我们当地人都呼之为“老东山”。老东山的南麓，耸起一座丰满的尖山包，叫小尖山，小尖山下面就是乡政府所在地龙津沟。

站在我家大门口望去，小尖山常常缭绕着淡紫的雨雾和炊烟。大人们说山包下有个龙潭，这让我神往不已。

后来，我们村小和龙津沟小学搞联欢，我真的去探访过。绿莹莹的深潭，一股旺活的潭水，泻玉般奔涌而出！它倒映着核桃树、梨树、拐枣树的团团树影，蜿蜒于村中，最后流入我们村前的河湾，又带着杨树、刺篷、野花的问候，流向它向往的远方。

我不知道“龙津沟”是不是因这个龙潭这沟流水而得名，可以肯定的是，龙潭和流水是那么温情地滋养了龙津沟！

一到栽秧时节，远近的村庄，都到龙津沟买秧苗，整个山冲绿茸茸的，荡漾着夏天鲜亮的阳光，拔秧苗的男女，禁不住唱起调子来：“大河有水小河满啊，东村小妹西村郎……”

歌声飘摇，小尖山下的龙津沟，在我们看来更是云蒸霞蔚，人间仙境一般！

我们村子后面的山坡上长满了松树、麻栗果树，苍青如黛，树香飘摇。也许在龙津沟人眼里，我们龙沿村也是一块风水宝地。因此传说，早些年，他们硬是在我们村后占了片坟塘，抬棺过河时，两个村的人在木桥上打起来，棺材都打了掉在河里……

时光如流水，多少年过去了！

这让我常常想起我小时候，每逢龙津沟赶集的日子，母亲总是让我提上一篮鸡蛋，或者时鲜蔬菜去卖，顺便到乡政府旁的邮政所看看有没有父亲的信……

那时候，父亲在昆明的一个建筑工地当会计，有一些工资收入，虽然不多，还是会有点节余，攒起来一份带给爷爷奶奶，一份带给我妈。

爷爷奶奶和我妈都不识字。

带给爷爷奶奶的，写四叔的名字，四叔去取；带给我妈的写我的名字，由我去取。

取钱要签名、按指印，最好是盖图章。我是盖图章的。

邮政所那位穿着深绿制服的大叔，总是笑眯眯的很认真地看着我盖章。

在一些指印间，我这枚方方的以我本名刻的“吴兴然印”，鲜红周正，很是显眼。

我双手接过父亲寄来的钱，从不忘向“制服大叔”鞠躬致谢。

我把钱和图章小小心心地装起来，回家后一齐递给妈妈。妈妈拿起图章，凑在眼前仔仔细细地看着，说“你要谢谢大石宝！”。

妈妈说的“大石宝”，本名吴鸿慈，和我同辈，比我大好几岁。

在村小读书的时候，我读一年级，大石宝已经读四年级，不过他的实际年龄起码是十六七岁了。

他的座位在靠窗子的最后边，一个人坐。

他的一条腿没了，从膝盖那里就没了。

听说是他小时候跟他爹在外面做木匠活，从架子上摔下来，一条腿给摔断了。又听说是跟他爹上山找木料时，不知踩着什么毒刺了，先是脚巴掌泡肿发黑，慢慢地一条腿也泡肿发黑，到了膝盖那里，腿就一甩一甩的，一整节的甩断了。

这该有多疼啊！

但是这些都只是“听说”，我们小娃娃好奇，想多打探点，就被大人骂，不是骂我们多管闲事，而是骂我们小孩子不懂事：“人家都遭那么大的罪了，还问哪样？”

因此，直到现在，我也不清楚大石宝的腿是怎么就没了。

可是，大石宝挺过来了！

他不仅拄着双拐来读书识字，而且学会了雕刻，特别是刻图章！

有时，他带着“印床”—— 一个中间整齐地被剔空、只留下两道坚硬厚实的框边。刻图章时把印材放在“印床”上，再用许多木楔子固定好，就可以举刀了。

大石宝不时带来他的宝贝，现场演示给我们看。

我们都惊诧他有那么多大大小小、长长短短的锋利的雕刀！

这自然和他当过木匠有关。

据他说，这些雕刀，好多都是他自己打磨出来的。雕刀都用布条细细的裹扎好，手握着不会打滑，稳妥，好用力。那些用撑黑布伞的细钢丝磨制的尖细的雕刀，不知他是怎样像锥子一样镶嵌固定在雕具上的！

他那粗糙厚实的手，有许多结痂和细细的伤痕。

刻图章首先字要写得好。

以前我们上学那些年，很注重写字，差不多是“字写得好，就是书读得好”。

而刻图章，那就更特别，不仅字要得好，还要写成“反”字，这样盖的图章字才是正的。

大石宝最初是先把字写在薄薄的棉纸上，再反贴在要刻的印材上，然后再用刀刻。

这样既不方便奏刀，又容易损坏印面。

后来，他用左手苦练反笔字，就直接写在印面上了！

他为我刻的这枚木质图章，就是他用左手所写，“吴兴然印”四个字既稳重，又有隶书韵味。

图章不大，印面方方的一厘米左右，又成梯形向上收缩，顶端刻一空心的正楷的“上”字，以便盖章时注意别盖倒盖歪了。

我不知道，在大石宝的“印床”上，诞生了多少枚图章。

六十多年过去了，我依然珍藏着我这枚硬度适中的绛红色桃木图章。

后来我练习写作，多用“吴然”作笔名发表作品。时间一长，笔名成了“真名”，连户口册、身份证上的名字都改了，“吴兴然”就成了“曾用名”。

但有时，我的某本新书到了，我也会轻轻取出这枚图章，蘸上朱红的印泥，对着印面哈一口气，钤在新书的扉页上而久久凝视，怀想已经过世多年的大石宝。

我差点“被小撮箕端了”

我家祖上没有读书人。

据说我们的祖籍是南京应天府，村人都是明朝年间“充军”来云南的后裔。

到我曾祖父都还练过武，院子里那个石锁，就是他老人家练武用的，拎着挥来舞去，可能和玩哑铃差不多。

曾祖父过世后，石锁没人玩得动，就用来顶门、拴牛。

祖父不识字，一双大手，是捏锄头把的。

到了父辈才有人在祠堂里的村小开蒙，念书识字。

二叔把认得的字，都写成“一手好字”，过年的时候，邻村的人都会抱着大阉鸡来请他写对联。

三叔从学校里跑出来参加游击队，在部队学得许多本领。

四叔务农，《三国演义》《水浒传》《西游记》这些书留下了他的泥手印。

我父亲为躲抓兵，很早就外出谋生，先是在个旧锡矿山当“砂丁”，嘴上咬着一块用来刮汗水的竹片，麻布袋搭在肩膀上，跪着爬着在窄小的矿洞里背矿泥。抗战时期，又在沾益、陆良修飞机场。

“修飞机场都是重活路……”父亲说。跑道挖得很深，先垫一层大石头，然后一层石头一层石头地垫起来，灌上砂浆，最后才垫细沙和泥巴，用几十人拉的大石碾子来来回回的碾压平整……“有一回，一个工友滑倒了，大石碾子怎么也停不下来，那个工友活活被碾死了……”父亲讲这些事的时候很伤感。

后来，父亲在昆明石龙坝电厂当艺徒。有一次在电杆上接线，突然刮起一阵大风，一棵被风刮倒的大树，把他从电杆上刷下来，重重地摔在地上。厂方发了点钱叫他回家养伤，实际上是把他辞退了。

父亲是一个老好人，又能吃苦，伤好后，昆明一位同乡介绍他到黄土坡西站帮人卖柴火。

柴火用小火车，从马过河、小新街这些地方运来，堆码在站台边上。卖柴火让父亲学会了记账打算盘，当了一辈子会计。

母亲告诉我，我的名字是一位八旬长者所赐。老先生用拐杖在地上写了个“然”字，随口吟出，拄杖而去。

我的名字是写在地上的。这是预示着我要吃苦，还是说只要像农民那样舍得出力，地里就会长出庄稼、花草，或者别的什么？

不过，我们那地方实在太穷了。

许多到过滇东北乌蒙山区的人，几乎都用“贫寒”两个字来概括他们的见闻和观感。

故乡地苦山寒，一些高山大岭，陡险得连树都站不住。

乌蒙山的月亮很瘦，很冷，亮蓝亮蓝的，看一眼身子骨都会打战。

我出生在腊月间那样的寒夜而没有被冻僵，全因为有母亲温暖的怀抱。

但是我也“死过一回”，差点被“小撮箕端了”——就是用撮箕将死娃娃端了丢到山沟里喂豺狗。

母亲说，那是个大冷天。小撮箕都已经放下了，我居然哇的一声哭起来！

我活过来，成了宝贝，得小名“留宝”，还拜祭村头的一堵岩石，初一和十五母亲就抱着我去烧香磕头，祈求磐石保佑。

长大了，母亲把我拉在身边，告诉我，是众多婶婶嫂子的奶水把我喂长大的。

据说，起初母亲的奶水多得吃不完，我很胖。按我们地方的风俗，孩子满月，外婆家要带一个绣花背衫（背婴儿用）来贺喜。可是我满月那天，外婆家没有来人。奶奶要母亲用稻草绳背着我站到门背后去。母亲认为这是一种难以忍受的侮辱，一气之下，奶水全无。

那时正是寒冬腊月，风雪的怒号掩不住我的哭声。

母亲把我贴在胸前，满村子为我讨奶水。母亲瘦弱，缠足，长久地抱着我在风中、雨中、雪中奔走。母亲手臂的风湿病，就是这样落下的！

我幼时身体也不好，后来我病了，来到昆明，在父亲身边治病、上学。

回老家过年的时候，我用攒得的零花钱，买了一书包水果糖，见着村里的大妈大婶和小伙伴就抓一把，结果给奶奶、妈妈、婶婶、妹妹和堂弟堂妹后，就只剩几颗了。

妈妈没有责怪我，搂着我，笑眯眯地说："儿子，你懂事了，给妈争气了！"

父母晚年，和我们在昆明一起生活。他们喜欢昆明的阳光。

后来，二位老人都以93岁高寿先后一年安详过世。

在收捡母亲遗物的时候，我发现母亲在一些旮旮角角藏了好些冰糖。

母亲晚年，牙齿都掉光了，就喜欢含冰糖。

我们随时给她买，买了许多许多冰糖，瓶子里，罐罐里，多的是。

可是，母亲为什么还旮旮角角地藏呢？

她是害怕旧时的那些苦日子吧，我的妈妈……

看着整包的或用碎布片包着，用小盒盒满满装着的冰糖，我眼里噙满了泪水。

山村小学

我们村有一二百户人家，都是吴姓。

我小时候，村里最堂皇最神圣的建筑，就是供奉着祖宗牌位和"天地国亲师"位的祠堂了。

祠堂铜环大门的门额上，高悬一块黑底金字的大匾——"吴氏宗祠"。

这四个行书大字金晃晃的，苍老有力，那字的结构，钩点撇捺的笔迹中仿佛挟带着风声。

这座堂皇的祠堂，也是村里的学堂。

喜气洋洋的“龙沿村小学”的牌子，就挂在大门旁的门枋上。

正对大门的旗杆上，鲜艳的五星红旗高高地欢笑着，看着一群高高矮矮、男男女女的学童跑出跑进，用读书声和笑骂吵闹，驱散这里曾经有过的神秘、恐怖和神圣，使它成为一所真正的山村小学。

大门外有一块作为学校标志的操场，周围都是田地、菜园。

菜园一角的一口老井，用青石镶嵌的井栏上，深深的绳印写满它的古老。

向日葵金黄的轮盘，沙沙作响的苞谷的绿叶，往往会高过围墙，探头探脑地向正在读书写字的小学生张望。

菜园里的南瓜藤，会沿墙爬上学校的房顶，在蜜蜂的嗡嗡中喜气洋洋地开花结瓜。

到摇响铜铃下第一堂课的时候，太阳已经升得老高了。

阳光下，菜园里的蔬菜，田地里的庄稼，因为种类的不同而显出各自生命的色泽，嫩黄、粉绿、娇红，一片水光盈盈。

忽然，学校镶着铜环的大门开了，一群小学生“飞”了出来。

借着草叶上的露水，小学生们都来磨铜墨盒了！

墨盒有大有小，有方有圆，还有长形的椭圆的。

盒盖上的画面则有“渔翁垂钓”“岁寒三友”“深山古寺”等等。紫铜的暗红稳重，白铜的银色清幽，黄铜的灿烂夺目。

同学们在草埂上磨着，擦着，比试着，争论着，嬉笑着，吵闹着。

一个个锃明灿亮的铜墨盒，映着天光，映着草色，映着同学们的笑脸。湿润鲜亮的早晨，是我们小学校最快乐的时刻！

接着，李老师的大口哨吹响了！

同学们把铜墨盒收起来，按高矮秩序排好队，在李老师的带领下做课间操，或者听着李老师的口令，“一二一，一二一，一　一，一二一”地走正步，跟着他“一、二、三、四”地大声喊口令，让一个村子都能听到。要不，就是哗哗哗地跑步，直到李老师的哨子嘟的一声叫停，同学们才哗啦一下解散，吵吵闹闹走进教室，继续上课。

我就是在这所小学，可爱的山村小学开蒙识字，学会了写自己的名字。

我们二三十个学生从一年级到四年级，就只有李老师教我们，同在一个作为教室的大殿里上课。

李老师年纪轻轻的，高个子，穿一身学生装，左上面的口袋别支水笔，脖子上挂一个很权威的锃亮的大哨子。

当四年级的大哥哥大姐姐在做四则运算题的时候，李老师就教一年级的小弟弟小妹妹读“开学了，开学了，我们天天去上学”。

二三年级学生呢，这时候可能是写大楷，也可能开始钻桌子、吵架，干些五花八门的小捣乱、小把戏，直到老师腾出沾着粉笔灰手来收拾他们。最称手的，是他的大巴掌。啪的一巴掌扇过来，耳朵嗡嗡地要叫好半天。

李老师手巴掌大而厚，挨上一巴掌，可不是玩的！

那时候虽说不准打骂学生，不准体罚学生了。可是李老师管教学生最拿手最方便的，还他的大巴掌。

我也挨过一巴掌，好像是正和同桌吵架，李老师走下讲台，抽手就是一巴掌，我本能地一让，那巴掌重重地打在了柱子上。

在同学们的笑声中，我挨了比打柱子还重的一巴掌。

除了挥动巴掌，李老师体罚学生就只会在罚站上玩点花样。比如站板凳，特别是女同学胆子小，偏让她们抖手抖脚地站在高板凳上；又比如喊一声："站直了！"就会有一碗冷水放在头上，让你顶着，一动也不敢动。

最有趣的是帮他生火。

那往往是快放学了，他找个借口罚学生去帮他生火做饭。

那学生走到门口，回头做个鬼脸，得意劲倒仿佛是受到了莫大的奖励。

不一会儿，一股火烟味从隔壁的厢房透进教室，同学们的肚子也就开始咕咕叫了。

一天，就在李老师说"下课"的时候，大石宝悄悄告诉我，李老师叫"李继果"，是老东山那边的人，初级师范毕业后，分到我们村来教书。

我问大石宝咋个晓得的，大石宝举举他的雕刀，噫，原来他还给李老师刻过图章呢！

李老师书教得好，据说好几个村都来要他，我们村抵死不放。

李老师也喜欢我们龙沿村，不愿离开我们龙沿村。

他带着我们向米丘林学习，搞各种好玩的“科学实验”。

比如，在洋芋苗或者瓜苗上嫁接番茄，在梨树上嫁接苹果……我们村那时没有苹果树，李老师教我们用花红树代替。

当然一样也没有嫁接成功，大人们不敢说李老师，倒是把我们骂得贼死。

我们呢，却是深信不疑，相信米丘林是对的，我们李老师也是对的！

每隔个把月，李老师就带我们上山砍柴。

本来村里说，学校烧开水，还有老师煮饭、烧水的柴火都由村里提供，李老师用毛主席的话教导我们：“自己动手，丰衣足食。”

他带我们去砍柴，除了劳动锻炼，还是一种互相帮助的集体活动。

李老师布置我们带镰刀、砍刀、背箩和绳子，还有晌午……一听说“晌午”，我们都欢呼起来，一片叫的都是“带洋芋！”

李老师笑了，他和我们一样喜欢吃烧洋芋。

在同学们吼吼叫叫的时候，我见大石宝总是一脸祥和或者说漠然地看着窗外。

每当有这样的活动，他拄着双拐，都不便参加。但他还是按时来到学校，写字，或者雕刻个什么物件。他给自己安排功课。

我们村后的山上，长满了树，最多的是松树、麻栗果树。

松树的种类多，常见的有科松、赤松、罗汉松、黑松，等等。

科松结松苞，松苞成熟了，里面的松子很好吃。

不过我们砍柴一般是砍赤松，比如那些不成材的，长弯的，长扭的，只能当柴火烧的那种“扭松”，我们就砍些枝枝丫丫。

这种松树不成材，树根脚却常常会有一窝松香。松香是松树分泌出来的树脂，可以卖给供销社。卖得的钱，由大石宝保管，当作班费。

农村的孩子野惯了，特别是到了山林野地里。

听那飒飒风声，带着松脂的清香，弥漫而来，真是太爽了！

我们一到林子里就想乱跑，但是李老师的大哨子，总是在最关键的时候，嘟地吹响！

进山砍柴，李老师要管好的是安全。他一再交代：“遵守纪律，安全第一！”

他安排三四年级的男同学砍柴，女同学带着一二年级的同学，收集松树脚下的松香。

砍好的柴集中在一起，最后李老师带着大同学，砍成长短差不多的，大大小小的捆扎好，再背回学校。

等柴火都砍好捆扎好了，最热闹最好玩也是最等不得的，就是烧洋芋吃了！

在宽敞、背风、离树林草棵远的地方，最好是高埂子下面，可以挡住火苗乱窜，捡一堆干柴，把洋芋倒在干柴上，然后用火柴引燃一把茅草，嘭一下，干柴就着了。

干柴上的烈火，呼呼呼烧一阵，洋芋就随着火势的减弱塌落下去，最后被灰白的看不见火焰的炭灰埋着烘烤。

性急的人，早就用棍子去拨弄那煳了的洋芋，扒出来捧在手上又搓又拍，也不管烫不烫就啃起来，叽喳叽喳吃得很响。

有经验的，一定要等洋芋烧足了火候，表面看焦糊焦糊的，往草棵上一擦，黄生生一层硬壳，凑在嘴边吹吹，轻轻一捏，从裂缝里透出一缕若有若无的热气，那香味，啧，别提多馋人了！

吃完火烧洋芋，差不多每张脸都花了。通红的脸颊，满是汗，满是黑灰印迹，拍拍胀鼓鼓的小肚皮，钻到箐沟里喝上一饱冷水，这才吼着叫着唱着，背柴回学校。

每次上山砍柴吃烧洋芋，我都会找几个烧得泡乎乎的洋芋，在干草棵上刮黄了，用布袋装好，带给大石宝，让他在收松香时，接受同学们的小小的心意。

我们村里，晚上天一黑，就没有人敢出门。老人们说，夜里有神仙鬼魂游走，有狼外婆来背小娃娃，还有满村子的恶狗，都把小孩子吓得不敢出门。

只有我们李老师不怕。

他有电筒。电筒的光柱像传说中孙悟空的金箍棒，一道白光扫过去，什么鬼怪，什么狼外婆，都只好躲了起来。恶狗汪汪汪叫几声，实际上也是在向主人友好地报告："李老师来了！"

农村人大多白天都在田间地头忙活路，一般很晚才回家，很晚才吃饭。

只有李老师和我们一样，放了学就回家了。

李老师的家就在学校里，自己洗衣做饭。

我们放了学，回到家书本一放，喝上一瓢冷水，挎上背篼，要么去找猪草，要么牵牛牵马去放，或者去帮父母事弄菜园子，也是很晚才回家吃饭。

所以，李老师不管去哪家"家访"，都要打电筒。

李老师对每一家的情况都很了解。家庭比较困难的，李老师去得最多。他常常自己掏钱买笔墨纸张奖励学生，鼓励他们无论如何不能放弃学习。

李老师也来过我们家几次。

我们家原是一大家人，爷爷奶奶在上，还有叔伯婶婶，后来分家了。

我父亲在外面做事，分给我们的住屋，仄小，还是关过猪牛的厢房，有一种永远的猪牛的气味。妈妈总是很不好意地搓着手，叫我领李老师去爷爷奶奶和四叔住的堂屋里喝茶。

李老师不会抽烟。

我陪着李老师才走上台阶，四叔就迎了出来，爷爷也轻咯一声，叫着："李老师来啦……"

我赶紧上前给李老师搬凳子，奶奶忙着去拿茶罐。

李老师和四叔有很多话说，很谈得拢。

这天，李老师带来一本《封神演义》借给四叔，四叔高兴得直搓手。

我给李老师端茶倒水，他用厚实的大手摸着我的头，向爷爷奶奶，向四叔，夸我好学，刻苦，说得我怪不好意的。

可是不久，我就生病了，而且病得很重，很险恶。

我转学到昆明，在父亲身边，一边治病，一边上学读书。

远离老家，反倒让我永记得我的老家，记得老家的亲人和儿时的小伙伴，记得在我的转学证明上写下"该生品学兼优"的李老师……

信啊，信

那年，我生病了，病得不轻。我带上李老师写的转学证明，跟着在昆明做木活的二爹（叔伯），上昆明找我父亲。

当时，父亲在一个建筑工地当会计。父亲见我又黑又瘦，很难过，很着急。

不过，昆明的医生就是厉害，给我做了检查，又打针，又吃药，慢慢地，我的病情就稳定了，脸也渐渐有了喜色，也就是红润起来了。

我又挎上书包，到学校读书了。

开始是在昆明郊区的黑林铺小学插班就读。不久，父亲他们建筑公司调到大理支援建设，说是一年半载，工程一搞完就返回昆明。父亲怕我转学多影响学习，就把我留在昆明，托付给他们公司驻昆明办事处的一个同事照管，我就又转学到城里的大观小学。

学校在大观街旁，沿大观街西行就是大观河，河里有船、岸上有马车去大观楼。

大观小学是一所名校，有专门教体育、音乐、美术的老师。有音乐教室，有脚踏风琴，有报栏、图书借阅室，还有一个小足球场。据说大观小学的足球水平，全市有名！

沐老师是我们的班主任，也是语文老师。她有点胖，手腕上戴只亮晶晶的长方形的女表。她拿着课本，教我们读书的时候，这只表就一闪一闪一亮一亮的。沐老师从我身边走过的时候，有一种淡淡的好嗅的香味。沐老师对我很好。

可是我胆小。同学们也可能看不起我这个乡下来的学生，很不爱和我玩。我没有伙伴。

但是第一次作文，就改变了同学对我的冷淡。

这篇作文是写一封信，给自己熟悉的、喜欢的、尊敬的人写一封信。

我是给妈妈写信。

我还是小娃娃的时候，我就知道，妈妈喜欢信，盼望信。盼望我爹的信。

那时候，都是村里或是街上的先生帮念信，代写信。我忘不了妈妈听人给她念信的情景，更忘不了她提着鸡蛋，或是刚采摘的瓜果去请人写信的情景。妈总是摸着我的头说："你什么时候才能写信啊！"看着妈妈深情的期盼的眼睛，我暗下决心，等我读书识字了，就学写信！

进村小读书后，我的理想就是多读书多识字，识了字写信，写很多信！

我已经记不得，我给我爹的第一封信是怎么写的了。但我记得，我给爹写的信，没有村里和街上代人写信先生的套话，什么"见字如面"啦，什么"阖家清吉""纸短情长”等等。我写我找猪草时见到一条蛇；写我家的母鸡抱了一窝小鸡……有一次写妈妈晚上帮人做针线，没有灯油，点松明子，妈妈的眼睛红肿了，鼻子吸了好多松明子的烟子，脸也熏得黑黑乎乎的……我记得，念草稿给妈听的时候，妈说“脸也熏得黑乎乎的”这一句不要写上。

我还写了好多，都是家里的，村里的，还有学校里的琐琐碎碎的事情。不会写的字，就问李老师。李老师知道我会写信了，叫我把信给他看看，感谢这位个子高高的年轻的李老师，他说我的信写得好……

现在，沐老师又出了个写信的作文，这作文题仿佛就是为我出的！

我很快就写完了信。

我告诉妈妈，我们的学校有一块球场，可以踢球；有一个小小的图书借阅室，我每次去借书，那位戴眼镜的老先生都很和气；学校的花台上，有兰花、菊花、山茶花；操场旁边那几棵大树，叫杨草果树（桉树），经常落叶、掉树皮，弯弯的叶子和树皮可以用来烧火……

我特别向妈妈介绍了沐正兰老师：她是我们的班主任，教我们语文。她胖胖的，脸团团的，她教我们读课文的声音很好听。默写生字的时候，沐老师在教室里轻轻走动，到我身边的时候，我嗅到一种好嗅的妈妈的气味……我还告诉妈妈，我没有小伙伴，同学们可能听说我生过病，怕我的病会传染。医生说，我的病已经好了，也不会传染，我也胖了。可是我想妈妈。看到别的妈妈牵着小娃娃的手，我就想妈妈……

我记得，发作文的时候，沐老师老看着我笑，随后就点了我的名，叫我给同学们读我的作文。同学们都看着我。我很害羞。读着读着，不知为什么，我就哭了起来……

沐老师走下讲台，用她的手帕给我揩眼泪，而同学们都在拍手。

沐老师称赞了我的作文，还说作文就是写信。

是的，沐老师说得真好，作文就是写信。信是写信人心的飞翔！对远方亲人、朋友的多少话语、多少柔情、多少牵挂、多少思念，都交给了面前的一纸信笺了。

雨中到下关

我在大观小学只读了一学期。

父亲他们的建筑公司，被大理留下了，成立了“大理白族自治州建筑工程公司”，不回昆明了。于是，1957 年夏天，我又转学去下关。

下关是大理白族自治州的州府所在地，当时称为“下关市”。

昆明到下关，有 420 公里，是著名的“滇缅公路”的一部分。从昆明一早出发，即便很顺利，也要从早到晚跑两个整天。

七月间，正是雨季，有的地段，道路被冲毁了，就得停下来。

我们的车，第一天，还算顺利，经过碧鸡关，羊老哨坡，过了禄丰、一平浪进入楚雄，在南华住了一晚。

第二天，师傅一早就用弓形的摇手柄，插在汽车发动机的启动抓上发动汽车，轰轰轰地响了好几次，车才轰地发动起来。

冒着小雨开车了。

在爬最陡最长的天子庙坡时，雨大起来，车轱辘打滑，怎么也上不去。一车人都下来推车，溅了一脸一身的泥浆，还是上不去。一个个急得没有办法。一直到傍晚了，有一队军车开过来，才把我们的车子拖上坡顶。可是下到坡脚，天已擦黑，师傅说，开夜车不安全，我们只好在云南驿找旅馆住下来。

我又担心，又着急，生怕信上说好的时间，我爹接不到我。我一夜都睡不着。

第二天上了车，我见个个都在打哈欠。雨倒是没有下了，天还是阴沉沉的，好像包着更多的雨水。

过清华洞的时候，下雨了。还好，一上红岩坡，雨很客气地停了下来，让我们顺利地过了垭口。人人喜形于色，说说笑笑，还有 20 多公里就到下关了。

真是天有不测风云，一车人高兴得太早了！

刚到凤仪，真是一盆冷水泼下来！

那个雨呀，大得谁都想不到。雨刷已经忙不赢。不一会儿，浑水把公路淹没了。汽车像水中的船，只是没有飘起来。一车人都慌了！

好在司机不慌，冷静得让一车人也都佩服得不得了！

师傅没有停下车，而是以公路两边的树为路标，握着方向盘，稳稳地行驶在路中间。

坐在我旁边的一位老伯对我说，要是这时汽车停下来，就很难发动起来，那就会堵下一路的车。

这时你看啊，我们的汽车，辗起了高高的水浪，就好像大鸟扇动着浪花的翅膀，在水面上飞翔！

我们安全地到了目的地下关。

我看见我爹撑着伞，站在车站的大门口……

下关风

一到下关，迎面就是大风！

下关是有名的“风城”。

我父亲他们建筑公司，当时流行着这样一句话：“盖的洋式房，住的茅草棚。”意思是说，建筑单位流动性大，建的是高楼大厦，自己只能就地取材，住临时工棚，而这种临时工棚，一般都很简陋，大多是草顶竹笆房。我和父亲住在三三0工地的工棚里。夜里风大，有时会把草顶掀掉，漏风漏雨是常事。

下关的风都是从西边的“江风寺”那里刮过来。据说有个仙人把风瓶打翻了，于是狂风大作，而他留下的“定风珠”又被坏人偷走了，风就一直不停地刮，刮，刮……

当然，这是传说，不过是给下关风增添点神秘色彩。其实，这风是从苍山和无量山两座大山间的峡谷吹来的，只是它憋足了劲，一穿过“天生桥”，冲出峡谷，就撒起野来，不仅一年到头刮个不停，居然还成了一景！

还没有来下关之前，我就听说大理风光壮丽，有“风花雪月”四景，连成一句诗是：“下关风吹上关花，洱海月照苍山雪。”这花、这雪、这月，那不用说，是自然之景，我们是看得见、欣赏得到的。可这“风”作为一景，还居于四景之首，高高在上，这也太特别了吧！

听那飒飒风声，除了它的尖厉，猛烈，以及不停地奔跑，我倒没有听出别的什么。

不过，查查字典、词典，我还真知道了有许许多多和“风”有关的词语。你看，风光、风景、风情、风物、风趣、风味、风声、风俗、风波、风暴、风华，等等，不都是“风”字当头吗？那还有春风、台风、和风、狂风、凉风、暴风、雄风、东风、西风，等等，不又是爱出风头的“风”字，甘愿躲在后面配合吗？是呀，要是没有风的吹拂，你能闻到花草树木的清香吗？你能听见树木的歌唱，看到花草俯仰的笑容吗？

平静的水面，即使像镜子一般明亮光滑，是不是也太死板了？如果风儿来了，吹得满池的水荡漾起来，涟漪的微笑变成波涛的欢笑和高歌，那又如何呢？非凡的气派不使你振奋吗？

浪花也很好看，可是没有风哪有浪花呢？虽然有“无风三尺浪”之说，其实也是风变成了浪，“风浪风浪”，浪就是风了。

哦，我又想起一些字典、词典上的词来了，那“风姿”“风采”“风流”“风帆”“风筝”等等，没有“风”行吗？

看来，“下关风”居四景之首，实在是当之无愧，无论是“花”，是“雪”还是“月”，“风”都能与之相配成景，而没有“风”倒单调无味了。据说，大理有三宝，其中一宝就叫作“风吹进门把地扫”，这大概是大理人对“下关风”的幽默了。

当然啦，下关风可不是一般的风，不是微风，也不是通常说的大风，是“劲风”，一个劲地吹，吹！岁岁年年，风声不断。风从西来，下关的街树都是朝东边倾斜的。迎风的一面，树干龟裂如武士的铠甲，铁骨铮铮。电线呜呜呜地叫，旗幡哗哗哗地响。你要往那边走，风硬拉着你往这边行，不听话吗？抓把沙子撒在你脸上，生疼。有时，这风也怜爱地看着在风中摇摆的小树，看着飘下的叶子。它悄悄地对小树说：“坚持住，你是好样的！”

我一到下关，下关风就天天和我闹着玩，有时候我也生气了，骂一声“讨厌！”下关风只是得意地嬉笑着，追着。我揉揉眼睛也笑了。我得像小树一样的坚持！

至于下关的空气，真是新鲜极了！有水泉的气息，有草树花朵云彩的香味，当然还有阳光的香味，阳光是吹不走的，下关风把阳光越吹越亮了！还有，姑娘们的脸总是被吹得红红的，好看呢！

孔雀之乡短章

题记：云南德宏傣族景颇族自治州，素有“孔雀之乡”的美誉。我在这里拾到一支孔雀美丽的翎羽，拾到一串心灵的歌唱。

王子树

王子树，你站在边远的景颇山寨，荫护大地，受人景仰。

绿光四射，巨大的树身撑起圆弧形的顶冠，地上铺满浓荫的图案。

传说你是一位美少年的化身，这是真的吗，王子树？

一个秋天的傍晚，我来朝拜你，来倾听景颇老人怀抱月琴悠悠弹唱。

素馨花的清香爬满篱笆，纯净的炊烟缭绕嫩秧田和野芭蕉的香气，古老的歌回旋在暮色中的山寨。

远古的时候，王国部落间的仇杀和征战蹂躏这片土地。马蹄、战士的头颅和血，鼓声、呐喊和厮杀，赶走了孔雀，赶走了鹿子，也赶走了蟒蛇。森林摇晃老人的叹息和悲鸣，母亲与河流同声哭泣。是一位少年王子制止了战争。小王子不喜欢打仗的游戏。他宁可被火烧死，也不听命出征。他折断国王颁赐的剑矛，走进烈焰熊熊的火场。

就在烈火吞没他的地方，一棵新鲜的小树，破土而出……

古老的歌代代相传，古老的歌长成大树。这就是你呀，高高的王子树！

此刻，夕阳的翅膀正栖落在你的枝叶上，你美丽如同发亮的云朵。

看啊，汲水的景颇姑娘，高大的红包头明艳动人，胸前的银饰闪着辉光。晚归的牛群踏碎红黄的尘雾，牧童在你的树荫下吹响笛声。

光膀子的壮实汉子吸着烟筒，被筒裙裹紧身腰的女人在追撵小猪。柔风里飘荡新稻和鸡蛋花的清香，果园、田畴、竹篷和弯曲的溪流，融入远山和森林的紫岚。

一切都是那么和谐，那么美妙。王子树哇，你是小王子生命的祝福。你站在边远的景颇山寨，站在景颇人的家乡，你播撒劳动与欢乐的阳光，和平的阳光。

孔雀泉

你是傣家的女儿泉，你是小卜少（少女）晚浴的地方啊！

泉水是那样明净、亮丽、清纯，映着天光、云影，映着草树的颜色，还映着急飞而过的鸟声和一阵一阵花的温馨。

正是傍晚时分。夕阳的惊喜挂在凤尾竹上，暖风吹过绿叶婆娑的棕榈。金合欢花的芬芳浓郁了树林里的静谧。一阵清脆的笑声随风而至，所有的树都睁大了叶子的眼睛。小卜少，小卜少，这些仿佛是来自天国的小仙女呀，霓裳霞衣飘飞着奇光异彩，皓齿妙目使幽暗的树林明亮起来。她们把少女的纯洁融入泉水，她们忘记了少女的文静，她们在水里嬉闹，她们往同伴身上拍溅笑声和水花，拍溅少女的欢乐和夕阳金光闪闪的祝福……

传说，孔雀公主来晚浴的时候，年轻的猎人偷走了她的羽裳和她的心。

于是，一个美丽的传说被瑞丽江永远传唱。于是，瑞丽江以及倒映在江水里的所有的景物都披上无限温情的色彩。来江边汲水的小卜少心旌摇动了。她们从江流里看见自己的影子，看见包头和筒裙的影子，她们听见了青春的心跳。于是，当她们去孔雀泉晚浴的时候，谁说她们心里没有一个小小的秘密呢？啊，年轻的猎人，你在哪里？

树包塔

古老的塔，孤独的塔。

沉默不语地站着，衰老着。塔身斑驳，无可挽回地剥落。

苔藓，仿佛是泪雨的结晶。碑文说明它的身世。字迹已经模糊。人们或者驻足欣赏，或者匆匆走过。

这样的塔，我们见过很多，很多。

可是这座塔你见过吗？

它生活在边城芒市，生活在一群傣族、景颇族小学生中间，它叫“树包塔”。

四月，我们从很远的地方赶来过泼水节。欢迎我们的是凤凰花般艳红的阳光，棕榈树展开巨大的羽冠。还有铓锣、象脚鼓的轰响和孔雀舞飞旋的足尖。

泼水节的狂欢淹没了这座城市，太阳的热力不减。我从水花和阳光的丝网里逃跑出来，在一棵榕树下晾晒潮湿的思绪。

榕树！美丽而丰茂的榕树，长在塔上的榕树！强劲的根抱紧了塔身，包裹了塔身。

一个真正的天造奇观。

古塔的一次生命的轮回。

也许是风带来的种子，也许是小鸟衔来的种子，在塔顶上发芽生根，在砖缝与石隙间探寻生命。

难道不也是古塔自己长出的思想吗？绿色的树，绿色的思想啊！

这里是一所民族小学。

是学校的钟声，是孩子们的歌唱、跑跳、诵读和吵闹，惊醒了沉睡千年的古塔吧？是傣族小卜少筒裙的鲜艳、景颇族少年银项圈的闪光唤起了它再生的渴望和生命的飞翔吧？它的骨骼发痒，爆出拔节的脆响。

于是，古塔凝固的生命长出绿叶的思想，新鲜的绿叶召唤风和小鸟，召唤孩子们的欢笑和歌唱……

少年朋友，如果这是真的，如果一个古老的生命因为你们而焕发了青春，你会有怎样的感动呢？

樱花信

阳光是那样的柔丽，薄薄的，嫩嫩的，从花枝花簇间摇落下来，一晃一晃地偷看我给你写信。我真有点儿不好意思了。阳光会把我信上的话告诉樱花吗？

你说过，你要我在圆通山樱花绽放的时候给你写信。我多少次跑到圆通山，去看樱花是不是开了。春节前的那场大雪，让我好担心呀！我担心那么厚的积雪，会不会压断樱花的树干和枝条？还好，樱花挺住了，樱花是好样的，而且也许正是雪花的滋润，今年的樱花开得特别好。你看——哦，我当你在我身边呢！你看，饱满的花瓣，那么嫩，那么丰润，似乎那绯红的汁液就要滴下来，滴在我的信笺上了。你尽可以想象此刻圆通山的美丽。空气是清澈的，在一缕淡淡的透明的浅红中，弥漫着花的芬芳。这是樱花的节日，也是昆明人引为骄傲的美与爱的节日，昆明人都来看樱花，都来拜访樱花了！谁要是错过了这个芬芳绚丽的节日，谁都会遗憾，都会觉得生活中缺少了一种情调，一种明亮与温馨……谁都不想失去这个机会，这个培植和耕耘自己精神家园的机会。那么朋友，你什么时候回来？

你知道我怎样在我们相识的樱花树下给你写信吗？这是一封“樱花信”，阳光和樱花们都看见了，我用蘸满阳光的花瓣，写满我的思念。朋友，回来吧，这是我当然也是樱花的召唤……

巴坡小学

独龙江不睡觉，夜里照样流着，波浪追赶着波浪，又唱又跳。早晨，白而蓝的雾气在江面上飘飞着，在给独龙江洗脸呢。

这时候，一群独龙族小学生，还有他们年轻的老师，也到江边来洗脸了。花花绿绿的衣服，新鲜的脸蛋，以及吵闹、笑声，都映在流淌的江水里。

洗了脸，小学生们坐在江边的石头上、草地上，用卖力的、拼命地读书声，和独龙江的流水声比赛。读书声和流水声响成一片。有的小学生怕干扰，用双手捂住耳朵，只顾大声读书。巴坡小学就在独龙江边。

独龙江在云南最边远的西北边，西靠与缅甸接壤的担当力卡山。独龙江一共有十一所小学。独龙江的第一所小学是巴坡小学。这是我拜访过的最边远的小学之一。这里有半年的时间大雪封山，与外界来往很难。1952年，这所小学的建立，结束了独龙族“结绳记事”、没有学校的历史。

巴坡小学建在独龙江西岸担当力卡山的山坡上，太阳一出来，就照在学校门前高高飘扬的国旗上。刚刚建立的时候，这所小学一定是独龙江最美丽、最高贵的建筑。两层楼，木石结构。二楼的外走廊，镶有竹节形的木栏杆。站在走廊上，波飞浪翻的独龙江就在眼前，它绿蓝的波光，映照着学校的门窗。

五十年间，巴坡小学曾经是独龙江唯一的一所小学。独龙江沿岸村小的学生，四年级初小毕业后，都集中到巴坡小学读书，作为寄宿制高小班。“三十六年前，我就是从这所小学毕业的。”贡山独龙族怒族自治县老县长高德荣，指着巴坡小学的校牌说。高县长后来读了怒江傈僳族自治州师范学校，曾回到巴坡小学教了五年书。“现在，巴坡小学有五十六个学生，五位老师。”高县长对这所学校了若指掌。显然他也看到了学校的破旧。半个多世纪了，校牌上的油漆早已脱落，字迹也都褪色了。坏朽的门窗裂着缝，缺着角，或者粗糙随便地钉着木条子。教室前面的场院，坑坑洼洼，好像无端地从地上长出一些石头……

学生在上课。看见一下子来了这么多的车，这么多的人，他们从没有玻璃的破烂的窗子里探出头来，脏脏的小脸对着我们笑。木文忠校长告诉我，五位老师中，有四位男老师，年纪都大了。“还有一位呢？”我问木校长。“小刘老师年纪轻。”木校长指着侧边的一道门说，“她也在上课。”我走到门口，见教室很小，光线很暗。但是，因为小刘老师，这间很小很暗的教室敞亮起来！小刘老师穿一件白色的无袖T恤，一条深蓝牛仔裤，用黄白色扎头绳挽了个“马尾巴”，活力，青春！小刘老师叫刘春梅，是位汉族姑娘，一家人都在泸水市。去年，她从州师范学校毕业，分到巴坡小学。她教各年级的语文。小刘老师告诉我，学生都很努力，只是一年级的小朋友，先要学一段时间的汉话。我问一个叫王正华的同学喜不喜欢刘老师，王正华很害羞，抬头看看小刘老师，又回头看着几个同学，接着，他和同学们像回答老师的问题一样，很大声很整齐地说：“喜欢！”我们和小刘老师都笑了。“该下课了。”小刘老师说着，走出教室就去敲钟。“钟”是一节碗口粗的铁管，挂在场院前边的一棵柳树上。

我在教室里看小学生们办的墙报上，有一位同学写的《我们的教室》，开头一句就是：

我们的教室，有明亮的玻璃窗。早晨，太阳一出来，阳光透过玻璃窗照进我们的教室，照在黑板上，照在黑板上面的五星红旗上。五星红旗光彩夺目，我们的教室很明亮……

读着这篇作文，我的眼睛湿润了。我知道，巴坡小学的教室没有玻璃窗，窄小，光线不好，课桌好多都烂了。这位同学写的，是同学们的期盼，也是小刘老师的期盼吧！

树春爷爷

树春爷爷是梨花村敬重的老人。他已经很老了，有一大把花白胡子。

老人们说，树春爷爷很小的时候就成了孤儿。

村里的老人们聚在祠堂里，对着祖宗牌位做了个决定：让小树春在梨花村的怀里长大。

小树春成了全村每一家的孩子。

从村头族长赵堂家开始，他每个月轮流在梨花村人家吃饭。

他家有一大院空房子。

院子的一角，有一口清亮的水井；

水井旁的大梨树，每年结的宝珠梨，又大又甜。

小树春一个人不敢住。他在哪家吃饭，就住在哪家。

每年从中秋到重阳，树春约了小伙伴，提着大竹篮，一家一家地送梨。

轮到在山果家吃饭那年，他到了上学的年纪。

山果的妈妈给他缝了套新衣服，缝了个书包。

树春和山果，哥儿俩一同上学了。

那时，梨花村里没有学校。

学校在梨花湖对岸的村子里。

梨花村的孩子上学，要坐船。

梨花村有一条渡船，专门送孩子们上学，接孩子们回家。

负责接送孩子们的船工，就是山果的阿爸。

山果约着树春，和同村的伙伴，在梨花湖上，风里来，雨里去，来来回回，走了三年。

有一天，梨花村家家户户做了重阳糕，酿了桂花酒。因为这一天是九月九，是敬老爱亲的日子。树春是梨花村每家每户的亲人，各家都要找小树春来家过节。等找他时，却发现，小树春不见了。

山果和孩子们急哭了。山果的阿爸急得直敲船上的大铜锣。

学校老师学生都急了，喊着“树春，树春”，找遍了每一个角落，喊哑了嗓子，怎么也找不到树春。

回到村里，孩子们哭成一片，全村人哭成一片，树春不见了。

难道树春跑了？

为什么呢？是他厌学吗？可他一直是班里成绩最好的学生呢！

妇女们到庙里磕头祷告。

老人们聚在祠堂里焚香商议。

最后，全村人跟随山果爷爷，忧心忡忡地来到树春家空置的大院。

缀满枝头的梨果，迎接人们的到来。

大院被收拾得干干净净，门窗擦拭得一尘不染。

山果爷爷在供桌上看到一纸信文。工整又稚气的毛笔字写道：

敬爱的父老乡亲：

养育深恩，无以回报，特献出家宅，为兴建梨花村小学校之永远使用，以解吾村学子上学之难。一位陈先生愿来吾村任教，吾家之地亩，任由陈先生选作学田，充为先生薪酬和学生资费，其余归全村所有。切切此意，万望允准！

我自今日起，外出学艺，居无定所，各位父老乡亲不必劳烦牵挂寻找。

民国二十一年重阳节梨花村赵树春泣拜立字。

老人们感慨唏嘘，老泪滴在纸页上。

不久，按照树春的愿望，梨花村小学开学了。

梨花开了又谢，梨果熟了就摘。一年又一年，村小的学生毕业了一届又一届。

可是，没有树春一点儿音讯。

这年的秋天，重阳节就要到了。

村里的妇女们忙着酿桂花酒，又上山采野菊花来做菊花糕……梨花村小学组织登山比赛时，孩子们又见到山果爷爷在插茱萸，边插茱萸边吟诗：

独在异乡为异客，每逢佳节倍思亲。遥知兄弟登高处，遍插茱萸少一人。

就在这时，一位满脸风霜的老人，由一个小伙子扶着下了机动船，出现在梨花村的村口。

老人抱住粗壮的老梨树痛哭。

小伙子放下挑着的两只木箱，劝慰着老人。

老人的哭声摇着梨树，惊动了梨花村。

“树春爷爷，树春爷爷……”

树春爷爷回来的消息，轰动了梨花村。

山果爷爷一把抱住他。

孩子们围着他。

山果说：“孩子们，快喊‘爷爷’！”

一片“爷爷”的叫声，让树春爷爷激动得白胡子乱抖。

到了山果爷爷家，树春爷爷把小伙子拉到身边，向大家介绍说：“这是我徒弟的儿子赵荣。”

赵荣腼腆地向大家鞠躬。

树春爷爷说："我这几十年，都是当木匠，做木雕……梨花村学校的门窗早该修修换换了……"

赵荣打开两只木箱，原来是两箱木匠工具。

山果爷爷说："学校的门窗都修换过了。大家商议，你回来房子还是要给你，可是没有你的音讯呀！"

树春爷爷一听说要把房子还给他，急了，说："我有字据，房子永远给学校使用。"

"县里想要你的字据做文物，我们不给，存放在一个樟木盒里，供在祠堂的'天地国亲师位'前呢！"山果爷爷说，"可你也得有个住处哇！"

"那不用急，我都想好了，就在当年我俩栽的那棵梨树旁，盖间小木屋就行了……走，带我去看学校！"

树春爷爷来到学校，正在为重阳节排节目的同学们，简直就像看传说中的仙人一样，把树春爷爷围了起来。

树春爷爷小时候是孤儿，可他现在却有这么多的孩子！

他从挎包里拿出当年山果妈妈给他缝的书包，拿出一本民国时期的课本，拿出当年离家时从院子里那棵梨树下捧走的一包泥土，声音颤颤地说："来，孩子们，把这包土，撒回梨树下……"

课本里的作家

序号	作家	作品	年级
1	金　波	金波经典美文：第一辑 树与喜鹊	一年级
2	金　波	金波经典美文：第二辑 阳光	
3	金　波	金波经典美文：第三辑 雨点儿	
4	金　波	金波经典美文：第四辑 一起长大的玩具	
5	夏辇生	雷宝宝敲天鼓	
6	夏辇生	妈妈，我爱您	
7	叶圣陶	小小的船	
8	张秋生	来自大自然的歌	
9	薛卫民	有鸟窝的树	
10	樊发稼	说话	
11	圣　野	太阳公公，你早！	
12	程宏明	比尾巴	
13	柯　岩	春天的消息	
14	宾　植	香水姑娘	
15	胡木仁	会走的鸟窝	
16	胡木仁	小鸟的家	
17	胡木仁	绿色娃娃	
18	金　波	金波经典童话：沙滩上的童话	二年级
19	高洪波	高洪波诗歌：彩色的梦	
20	冰　波	孤独的小螃蟹	
21	冰　波	企鹅寄冰·大象的耳朵	
22	张秋生	妈妈睡了·称赞	
23	孙幼军	小柳树和小枣树	
24	吴　然	吴然精选集：五彩路	三年级
25	叶圣陶	荷花·爬山虎的脚	
26	张秋生	铺满金色巴掌的水泥道	
27	王一梅	书本里的蚂蚁	
28	张继楼	童年七彩水墨画	

序号	作　家	作　品	年　级
29	张之路	影子	三年级
30	曹文轩	曹文轩经典小说：芦花鞋	四年级
31	高洪波	高洪波精选集：陀螺	四年级
32	吴　然	吴然精选集：珍珠雨	四年级
33	叶君健	海的女儿	四年级
34	茅　盾	天窗	四年级
35	梁晓声	慈母情深	五年级
36	陈慧瑛	美丽的足迹	五年级
37	丰子恺	沙坪小屋的鹅	五年级
38	郭沫若	向着乐园前进	五年级
39	叶文玲	我的“长生果”	五年级
40	金　波	金波诗歌：我们去看海	六年级
41	肖复兴	肖复兴精选集：阳光的两种用法	六年级
42	臧克家	有的人——臧克家诗歌精粹	六年级
43	梁　衡	遥远的美丽	六年级
44	臧克家	说和做——臧克家散文精粹	七年级
45	郭沫若	煤中炉·太阳礼赞	七年级
46	贺敬之	回延安	八年级
47	刘成章	刘成章散文集：安塞腰鼓	八年级
48	叶圣陶	苏州园林	八年级
49	茅　盾	白杨礼赞	八年级
50	严文井	永久的生命	八年级
51	吴伯箫	吴伯箫散文选：记一辆纺车	八年级
52	梁　衡	母亲石	八年级
53	汪曾祺	昆明的雨	八年级
54	曹文轩	曹文轩经典小说：孤独之旅	九年级
55	艾　青	我爱这土地	九年级
56	卞之琳	断章	九年级
57	梁实秋	记梁任公先生的一次演讲	高中
58	艾　青	大堰河——我的保姆	高中
59	郭沫若	立在地球边上放号	高中